usw

uferträume seesterne wellenreiter

111 magische Orte am Wasser

MERIAN *books*

Inhalt

urlaub, Ferien, Reisen – oft führt uns das ans Wasser. Meine frühesten Erinnerungen sind Badeurlaube mit meinen Eltern an der italienischen Adria, später zog es mich zu den großen Flüssen wie dem Ganges, dem Irawaddy oder dem Mississippi und manchmal blieb ich länger als ich eigentlich wollte an magischen Plätzen wie Luang Prabang am Mekong oder Assuan am Nil. Flüsse, Seen, Meere – Wasser zieht mich magisch an und wahrscheinlich geht es den meisten Menschen so. Deswegen haben wir dieses Buch ungewöhnlichen und aufregenden Destinationen gewidmet, die in einer Verbindung mit Wasser stehen.

subjektiv ist diese Auswahl von Zielen, ohne Anspruch auf Vollständigkeit, dennoch aber ein repräsentativer Blick auf die vielfältige Schönheit des Wassers. So ungewöhnlich wie die Auswahl ist auch der Titel unseres Buches, drei einfache Buchstaben, die sie neugierig machen sollen auf Uferträume, Seesterne, Wellenreiter und vieles mehr.

Wasser ist ein unerschöpfliches Motiv für Fotografen. Ein gemeinsam mit Hansgrohe veranstalteter Wettbewerb lieferte uns eine beeindruckende Zahl an faszinierenden Bildern, von denen 150 in die engere Wahl kamen und elf in diesem Buch abgedruckt sind. Lassen Sie sich verführen, von schwedischen Seen, indischen Flusslandschaften, Salzseen und Gletschern. Ich wünsche Ihnen viel Spaß beim Lesen, Sehen und Entdecken.

Dr. Stefan Rieß
Geschäftsführer Programm

Abendstimmung am Hafen des Städtchens
St. Ives in Cornwall, Großbritannien.

Die

Gewinner

MERIAN, der Reisespezialist, und Hansgrohe, der Wasserspezialist, riefen zu einem Fotowettbewerb auf. Anlass war ein besonderes Firmenjubiläum – 111 Jahre Hansgrohe. Gesucht wurden Orte am Wasser: Bilder, welche die Magie und Faszination des Elementes in einer Momentaufnahme einfangen.

Großer Dank gilt allen, die mit ihren Bildbeiträgen aus aller Herren Länder das Projekt spannender gemacht haben. Die Fülle und Qualität der Fotos war überraschend und die Auswahl der elf Bilder, die in diesem Buch abgedruckt sind, fiel der Jury nicht leicht. Die folgenden Seiten präsentieren die Gewinnermotive. Die Reihenfolge und Größe der Abbildungen stellt dabei keine Wertung dar, sondern ist der Dramaturgie des Bildaufbaus geschuldet.

Auf die Gewinnerfotos folgen 100 weitere magische Orte am Wasser, die die MERIAN-Buchredaktion zusammengestellt hat: Orte in Deutschland, Europa und der ganzen Welt. Stille und laute Orte. Orte, die allein durch ihre Szenerie einen Zauber entwickeln. Aber auch Orte, die ihre Magie erst dann entfalten, wenn man die Geschichte dahinter kennt.

1 Strand in Kapstadt, Südafrika
2 Elephant Island, Südliche Shetlandinseln/Antarktis
3 Sankt Peter-Ording, Deutschland
4 Alappuzha, Kerala/Indien
5 Georgia Aquarium, Atlanta/USA
6 Strand in Dakar, Senegal
7 Gardasee, Italien
8 Hummeln-See, Schweden
9 Salar de Uyuni, Bolivien
10 Strand bei Behrensdorf, Deutschland
11 Strand von Mui Ne, Vietnam

Stand-up-Paddler in Kapstadt, Südafrika

André Becker, Oerlinghausen/Deutschland

2 Elephant Island, Südliche Shetlandinseln/Antarktis

Dr. Dieter Brecheis, Maur/Schweiz

3 Sankt Peter-Ording, Deutschland

Andrea Hinterleitner, Sierning/Österreich

4 Alappuzha, Kerala/Indien

Martin Winter, Fürth/Deutschland

5 Georgia Aquarium, Atlanta/USA

Kathrin Schum, Frankfurt am Main/Deutschland,
und Russell Clayton, Marietta/USA

6 Strand in Dakar, Senegal

Antonio Jesús Gil Perez, Sevilla/Spanien

7 **Steg zwischen Bardolino und Garda, Gardasee/Italien**

Frank Hromadka, Ansbach/Deutschland

8 Hummeln-See, Schweden
Thomas Oser, Hildesheim/Deutschland

9 Salar de Uyuni, Bolivien
Yan Bertoni, Buja/Italien

10 Strand bei Behrensdorf, Deutschland

Alexander Lüders, Tönningstedt/Deutschland

Strand von Mui Ne, Vietnam

Carmen Vetter, Offenburg/Deutschland

12 Wattenmeer, Schleswig-Holstein
13 Große Saarschleife, Saarland
14 Wilhelmstein in der Region
    Hannover, Niedersachsen
15 Friedrichsbad in Baden-Baden,
    Baden-Württemberg
16 Ostseeinseln, Mecklenburg-
    Vorpommern
17 Strandperle in Hamburg
18 Pfahlbauten im Bodensee,
    Baden-Württemberg
19 Königssee, Bayern
20 Dresden, Sachsen
21 Eisbach in München, Bayern

Deutschland

12 Wattenmeer
Deutsche Bucht, Schleswig-Holstein

Wie den Faltenwurf eines leichten Stoffs hat das Meer den feinkörnigen Schlick modelliert und sich dann behutsam zurückgezogen. Bis zum Wechsel der Gezeiten hinterlässt es ein Kunstwerk, über das ein Schwarm Vögel seinem unbekannten Ziel entgegenzieht.

13 **Große** Saarschleife
Orscholz, Saarland

So romantisch können Umwege sein: »Im Frühtau zu Berge« ziehen hier die Nebel und machen die Saarschleife bei Orscholz minutenschnell zum grandiosen Naturschauspiel und Wahrzeichen eines Bundeslandes. Statt die zwei Kilometer zwischen Besseringen und Mettlach schnurstracks hinter sich zu bringen, hat die Saar einen zehn Kilometer langen Umweg gewählt, der bei der Cloef diese Aussicht bietet.

|4 Wilhelmstein

Region Hannover, Niedersachsen

Sträucher und Jahrhunderte alte Bäume frieden die kleine Insel nahe der Küste ein. Doch die präzise, wie mit dem Lineal gezogene Uferlinie macht misstrauisch: Ist das wirklich eine Insel? Sieht sie nicht eher aus wie ein Floß oder ein fest verankerter Ponton?

Und tatsächlich: Wilhelmstein ist der Insel gewordene Traum des Wilhelm zu Schaumburg-Lippe. Mit einer Festung im Steinhuder Meer wollte er die Grafschaft und ihre 17 000 Untertanen vor möglichen Annexionen schützen. Mitte des 18. Jahrhunderts musste die Bevölkerung über Jahre Sand, Kies und Steine ans Ufer transportieren. Fischer brachten das Baumaterial in ihren Booten über den See. Daraus ließ der Graf eine Musterfestung errichten, mit einem Schlösschen als feudaler Offiziersunterkunft, einer Sternwarte, einem eigenen Unterseeboot – dem »Steinhuder Hecht« – und einem Arsenal von 166 Kanonen. Graf Wilhelm war bereits verstorben, als 1787 der Ernstfall eintrat. Der Landgraf von Hessen erhob Anspruch auf Schaumburg-Lippe. 150 Männer boten auf Wilhelmstein 2800 hessischen Soldaten tapfer die Stirn. Beschuss und Belagerung scheiterten. Danach diente die Zitadelle der Grafschaft jahrelang als Staatsgefängnis. Heute haben Touristen die Festung des Kanonengrafen erobert, trinken Kaffee, besuchen das Museum, feiern, tagen und übernachten.

|5 Friedrichsbad

Baden-Baden, Baden-Württemberg

Unwiderstehlich zieht es den Blick aus der Kuppel hinunter ins türkisfarbene Thermalwasser, vorbei an kunstvollen Fresken und edlen Marmorsäulen – bis er nach 17 Metern am Bassin endet, dem optischen Zentrum des Friedrichsbads. Bereits die Römer hatten in Aquae Aureliae – wie sie Baden-Baden nannten – erste Thermen errichtet. Sie schätzten die Heilkraft des bis zu 68 Grad Celsius heißen Wassers.

Es war der irische Arzt Richard Barther, der im 19. Jahrhundert römische Badekultur und die traditionellen Heißluftbäder seiner Heimat zusammenführte. Auf der Basis seiner Gesundheitsphilosophie wurde die Therme 1877 als römisch-irisches Bad eröffnet. Heute führt der Weg zu entspannter Harmonie von Körper, Geist und Seele über 17 Stationen: Da wird gereinigt, aufgewärmt, mit Thermalwasser geduscht und darin gebadet, massiert, gebürstet, gecremt und ausgeruht. »Hier im Baden-Badener Friedrichsbad«, so schrieb einst Mark Twain, »vergessen Sie nach zehn Minuten die Zeit und nach zwanzig Minuten die Welt.«

16 Ostseeinseln
Pommersche Ostseeküste, Mecklenburg-Vorpommern

Frühromantische Stimmung wie auf den Gemälden Caspar David Friedrichs, blau-türkisfarbene Strömungen wie in der Südsee: Die Ostseeküste kann sich doch wirklich sehen lassen! Hier zeigt sie sich in ihrer ganzen Bandbreite – mit den Kreidefelsen auf Rügen und dem Gellenstrom, jener Fahrrinne nach Stralsund, die die Südspitze von Hiddensee (rechts) und die Insel Bock trennen.

17 Strandperle
Övelgönne, Hamburg

Nicht jedes Sandkorn wird zur Perle, nicht jede Großstadt schmückt ein Strand: Die »Strandperle«, Café, Trinkhalle, Restaurant und generationenübergreifender Szenetreff in Hamburg bietet beides. In Sichtweite der Hafenanlagen gibt es Fischfrikadellen zum Bier, und wenn einer der großen Pötte vorbeischippert, sogar Fernweh zum Wellengang.

18 Pfahlbauten im Bodensee
Unteruhldingen, Baden-Württemberg

Auch vor 6000 Jahren schon suchten Menschen die Nähe des Wassers. Dort waren die Ackerböden fruchtbar, die Trinkwasserversorgung gesichert, das Nahrungsangebot reichhaltig und die Handelswege praktisch vor der Haustür. An allen größeren Voralpenseen gab es Pfahlbauten. Die Häuser aus Holz, Gras, Lehm und Schilf standen auf bis zu fünf Meter hohen Eichen- oder Nadelholzpfählen. So war es möglich, den Wasserspiegel auszugleichen, der zum Beispiel hier am Bodensee noch heute um bis zu drei Meter schwanken kann. Vom Seeufer führt ein Holzsteg zu den ori-

ginalgetreu nachgebauten Pfahlbauhäusern der Stein- und Bronzezeit (ca. 4300 v. Chr. bis 800 v. Chr.). Das Freilichtmuseum Unteruhldingen rekonstruierte die 23 bis heute fertiggestellten Bauten nach dem Erkenntnisstand archäologischer Ausgrabungen.

Zu einem Dorf gehörten zwischen 50 und 80 Häuser. Eng aneinandergebaut, nahmen sie oft bis zu 500 Menschen auf. 2011 erklärte die Unesco die »Prähistorischen Pfahlbauten rund um die Alpen« zum Weltkulturerbe.

In dem beeindruckenden Freilichtmuseum ist neben wertvollen Fundstücken auch die re-

konstruierte Arbeitswelt von Töpfern, Bronzegießern und Hirten zu bestaunen.

2006 wagten sieben Erwachsene und sechs Kinder für zwei Monate die Reise in die Steinzeit und lebten als Sippe in der Pfahlbausiedlung. Sie teilten sich einen 20 Quadratmeter großen Wohnraum und mussten ihre Nahrungsmittel in der Natur finden. »Steinzeit – Das Experiment – Leben wie vor 5000 Jahren« wurde als Vierteiler von der ARD ausgestrahlt und räumte auf mit dem Klischee vom Keule schwingenden, nicht gerade vor Intelligenz strotzenden Urzeitmenschen.

19 Königssee
Berchtesgadener Land, Bayern

Lässt man vom See aus seine Stimme
erschallen, ruft der Watzmann zurück:
Der Königssee ist aber nicht nur
bekannt für sein Bergecho, das klare
Wasser und die Wallfahrtskirche
St. Bartholomä – auch Angler wissen
ihn seit langem zu schätzen: 27,5 Kilo-
gramm wog die bislang schwerste,
hier gefangene Forelle.

20 Dresden
Sachsen

Kaum eine Stadt hat ihre Entwicklung so konsequent dem Verlauf eines Flusses angepasst wie Dresden, weswegen sich das Elbtal zum Weltkulturerbe zählen durfte – bis zum Bau der Waldschlösschenbrücke: Da wurde der Titel wieder aberkannt.

Dicht an die Elbe schmiegte sich die berühmte Silhouette der Stadt, wie sie Canaletto Mitte des 18. Jahrhunderts porträtierte. Zerschlagen wie ein kostbares Stück Porzellan zeigte sie sich nach dem traumatischen Bombenangriff vom 13. Februar 1945. Von der Frauenkirche (zweiter Turm von links) blieb nur ein Haufen verbrannter Steine. Über sechzig Jahre später sollte sie zum Symbol der Hoffnung und Versöhnung werden. Ihren Aufbau ermöglichten engagierte Dresdner und Spenden von Menschen aus aller Welt. So finanzierten britische Bürger das sieben Meter hohe vergoldete Turmkreuz, angefertigt vom Sohn eines Bomberpiloten der Royal Air Force, die Dresden einst zerstörte.

21 Eisbach
München, Bayern

Ein Surfer auf der Welle vor Laubbäumen? Das können unmöglich die bekannten Spots an Nord- oder Ostsee sein. So was gibt's nur in München: Im Englischen Garten, nahe dem Haus der Kunst, tost die »stehende Welle« des Eisbachs. Vor etwa 35 Jahren wurde hier das Flusssurfen erfunden. Jahrelang spielten Ordnungshüter und Wellenreiter Hase und Igel. Dann wurde das Vergnügen, das im Sommer Trauben von Schaulustigen anzieht, stillschweigend toleriert. Seit dem Jahr 2010 ist es legal.

Längst zieht die Münchner Welle auch internationale Sportler an wie den Sänger und Surfer Jack Johnson. Die Unterschiede zum Surfen im Meer sind erheblich: Wellenvorhersage und Gezeiten spielen hier keine Rolle, und auch das Anpaddeln entfällt. Auf der »stehenden Welle« zu bestehen heißt, gegen die Strömung zu reiten. Und die ist beachtlich: 20 Tonnen Wasser pro Sekunde schießen auf das Brett zu. Ungeübte sollten zuvor trainieren – die Floßlände-Welle im Münchner Stadtteil Thalkirchen zum Beispiel steht jeden Tag für etwa vier Stunden zur Verfügung.

Der **Meeresbotschafter**

Frank Schweikert arbeitete als Journalist und Biologe.
Vor 20 Jahren kaufte er sich ein Schiff und kombinierte
beide Berufe. Seine Mission: Die Bedeutung der Meere
und ihr vielfältiges Leben spannend zu erzählen. Ein
Besuch auf der »Aldebaran«.

Von Nicola Meier

Der Hamburger Hafen am späten Vormittag, grauer Himmel und Wind, Möwen kreischen. Die ersten Reisegruppen klettern aus den Bussen und marschieren zur Promenade. »Hafenrundfahrt! Hafenrundfahrt!«, rufen die Fahrer der Barkassen und Raddampfer. Im »City Sportboothafen« zwischen Überseebrücke und Kehrwiederspitze schaukeln Segelboote und Yachten.

Die »Aldebaran« ist nicht schwer zu finden. Das kanariengelbe Schiff ist ein Farbklecks unter den vorwiegend elegantweißen Booten drum herum. Seit mittlerweile 20 Jahren kreuzt sie im Auftrag der Meeresforschung, und gleich in doppelter Funktion: Wissenschaftler erkunden mit ihr die Unterwasserwelt der Meere, außerdem werden an Bord Radio- und Fernsehbeiträge produziert. Der Erfinder des Konzepts nennt das »Schnittstelle zwischen Wissenschaft und Medien«. Frank Schweikert, 49 Jahre alt, trägt Jeans, T-Shirt und eine winddichte Helly-Hansen-Jacke. Ein großer Mann mit dunklen Haaren und der gebräunten Haut jener Menschen, die viel an der frischen Luft sind.

Auf seinem Schiff bewegt er sich mit der sicheren Schnelligkeit des langjährigen Seglers, jeder Handgriff sitzt. Schweikert und zwei Mitarbeiter machen die Leinen los und schau-

Seine Heimat sind die Meere

kelnd schippert die »Aldebaran« in Richtung Osten, vorbei an der Elbphilharmonie, deren glänzende Fassade in den Himmel ragt. Während der Skipper die »Aldebaran« an der HafenCity vorbeisteuert, steht Schweikert an Deck, trinkt Tee, knackt Erdnüsse und er-

klärt sein Schiff und dessen Mission. Aufgewachsen ist er in Baden-Baden, sein Akzent erinnert noch ein wenig daran. Doch seit 20 Jahren ist der Norden Deutschlands seine Heimat. Hier ist das Meer ganz nah, und das Meer ist Schweikerts Lebensthema: »Ich denke, es übt auf jeden eine Faszination aus.« Ihn hat sie schon als Teenager gepackt: als er an der Adria segeln war. Viele weitere Törns folgten.

In Stuttgart und München studierte Schweikert Biologie und fuhr erstmals auf einem Forschungsschiff mit. Er erfuhr, wie wenig Küstenforschung es gab, vor allem die Küsten der damaligen DDR waren nahezu unerforscht. Vor dem Studium hatte Schweikert jahrelang für die Lokalzeitung geschrieben und fürs Radio gearbeitet. Schon damals hatte er seine Vorliebe für Umweltthemen entdeckt.

Seit 20 Jahren ist die Aldebaran im Auftrag der Meeresforschung auf den Ozeanen unterwegs. Als Frank Schweikert das schwer beschädigte Schiff fand, überredete er zunächst den Vorbesitzer zum Verkauf und danach seine Bank, ihm den Kredit für den Umbau zu geben.

Für den Meereswettbewerb »Forschen auf See« reichen jedes Jahr Schüler Ideen zu Meeres- und Umweltschutzthemen ein. Hier untersuchen Thalia, Jessica, Leonie, Jérôme und Melanie aus Rinteln im schleswig-holsteinischen Wattenmeer, wie Muscheln und Krabben mit den veränderten Bedingungen durch den Klimawandel zurechtkommen.

Ganz im Banne der Meeresforschung, reifte während des Studiums eine Idee in ihm. Er beschloss, seine beiden Leidenschaften zu verbinden und künftig über Meeresthemen zu berichten.

Der Biologe Schweikert war sicher: Das Wissen über das Ökosystem Meer muss besser vermittelt werden, ist es doch der größte Lebensraum der Erde und für den Menschen von größter Wichtigkeit. Der Journalist Schweikert wusste: Die Meeresforschung bietet Themen ohne Sensationsgehalt, es würde schwierig werden, sie zu vermarkten. »Ich stand vor der Frage: Wie kann man die Themen so präsentieren, dass sie von den Medien übernommen werden?«, erinnert er sich. »Also versuchte ich mich an dem Meeresforscher Jacques Cousteau zu orientieren und Forschung und Kommunikation auf einem eigenen Schiff sinnvoll zu kombinieren.« Fehlte nur noch das Schiff.

Er fand es zufällig auf einem Lagerplatz in Wilhelmshaven, als er dort seinen Bruder besuchte. Es war schwer beschädigt einem Tropensturm in der Karibik entronnen und sollte überholt werden. Er überredete erst die Besitzer zum Verkauf und dann die Bank, ihm einen Kredit zu geben. Am 28. August 1990 brachte ein Lkw das Schiff in den Garten von Schweikerts Elternhaus im Schwarzwald, wo der Umbau begann. Schweikert taufte es nach einem Planeten im Sternbild Stier, in dem er geboren ist: »Weil man die Hartnäckigkeit eines Stiers braucht, um so eine komplexe Arbeit in die Realität umzusetzen.«

1300 Beiträge für Radio und TV

Die »Aldebaran« sollte nicht nur für wissenschaftliche Forschungsreisen ausgerüstet sein, sondern auch die Technik eines kompletten Hörfunkstudios an Bord führen. Eine Herausforderung bei einem Schiff mit 13,8 Metern Länge und 4,5 Metern Breite. Es gelang. 1992 bekam die »Aldebaran« Wasser unter den Kiel, Schweikert und sein Schiff zogen in den Norden um, erst nach Kiel und einige Jahre später nach Hamburg. In der Innenstadt hat die Organisation Aldebaran ihre Büroräume. Hier bereiten Schweikert und sein Team die Touren vor, planen Forschungsaufenthalte und Medienberichte.

Drei Kilometer Kabel sind auf der »Aldebaran« verlegt – gut 20 mal so viel wie auf einem normalen Schiff. Wer durch die Luke in das Innere klettert, sieht davon nichts. Dagegen fallen die vielen Bildschirme auf, die an der Kajütenwand hängen. Und die mehr als ein Dutzend Schalter, die für diverse Bordkameras und Monitore zuständig sind. Nicht nur Radiobeiträge, auch komplette Filme können inzwischen an Bord produziert und geschnitten werden. Via Satellit lassen sie sich von nahezu jedem Ort der Welt aus senden. Knapp 1000 Radio-Features sind bisher an Bord entstanden. Und über 300 Fernsehbeiträge.

In der Kajüte stehen neben dem Esstisch ein Mikroskop und ein Fernglas, daneben liegt ein vergilbtes Bestimmungsbuch mit dem Titel »Das Leben im Wassertropfen. Mikroflora und Mikrofauna des Süßwassers«. Über das Meer wird auf der »Aldebaran« nicht nur berichtet, sondern vor allem auch geforscht. Das wissenschaftliche Labor versteckt sich hinter einer der sieben Kojentüren: eine blau bezogene Pritsche, ein paar Gattungsbilder zu Algen und Krebsen und vor allem viele Fächer in den Holzwänden, mit Pipetten und Röhrchen, Objektträgern und Mikroskop-Adaptern. Die »Aldebaran« hat gegenüber großen Forschungsschiffen einen entscheidenden Vorteil: Sie ist klein, bei nur 80 Zentimeter Tiefgang. So kann sie in

Jacques Cousteau

Der französische Meeresforscher lebte von 1910 bis 1997 und wurde mit seinen Filmen weltberühmt. In über 100 Dokumentationen beschäftigte sich Cousteau mit der Unterwasserwelt, die ihn schon früh faszinierte und die er 1942 zum Thema seines ersten Films machte. 1950 bekam er das alte Minensuchboot »Calypso« zur Verfügung gestellt und baute es zum Forschungsschiff um. Es folgten zahlreiche Expeditionen, auf denen Filme wie »Die schweigende Welt« und »Welt ohne Sonne« entstanden, für die der Umweltaktivist mit dem Oscar ausgezeichnet wurde. 1973 gründete er die Non-Profit-Organisation »Cousteau Society«, deren Ziel der Schutz der Meere und deren Erforschung ist. Sie hat über 50 000 Mitglieder und führt die Mission des Forschers fort.
www.cousteau.org

Meereswettbewerb

Einmal im Jahr veranstalten Frank Schweikert und sein Team den Meereswettbewerb »Forschen auf See«. Schülergruppen ab der neunten Klasse können Forschungsideen für diesen Wettbewerb einreichen. Die vier Bestplatzierten dürfen mit der »Aldebaran« für eine Woche auf Forschungsreise gehen – wie echte Wissenschaftler. Eines der Gewinnerteams belegte 2012 auch im bundesweiten Wettbewerb »Jugend forscht« den ersten Platz. Die drei Schüler aus Niedersachsen untersuchten mit einem selbst gebauten Fanggerät die Belastung des Meeres mit Plastikmüll.
www.meereswettbewerb.de

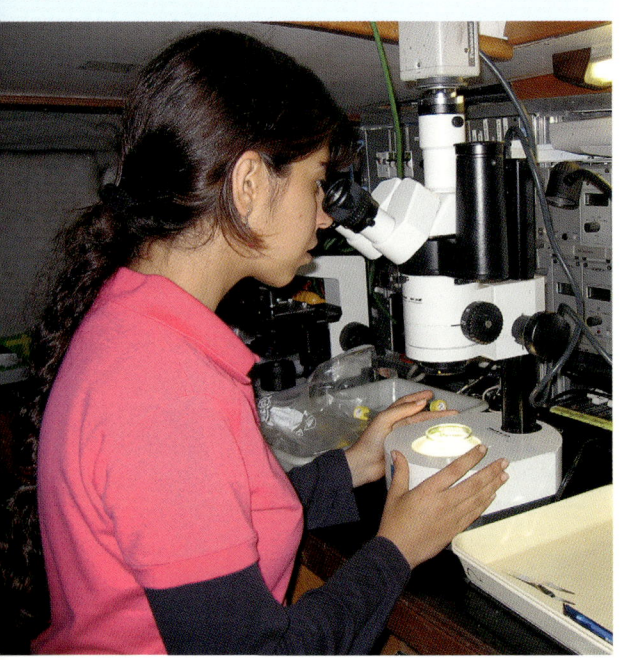

Die erste Expedition unter dem Motto »Sinking Paradise« führte im Winter 2006 auf die Halbinsel Ambergris Caye von Belize. Bis zu 19 Positionen – vom Forscher über den Journalisten und Kameramann bis hin zum Tontechniker und Skipper – wurden besetzt, um die Reise zu dokumentieren und für die Medien aufzubereiten. Und natürlich muss auch eingekauft, geputzt und gekocht werden. Da auf dem Schiff nur acht Personen Platz haben, übernimmt jeder Teilnehmer mehrere Jobs.

Gebiete vordringen, die andere Forschungsschiffe nicht befahren können. Mit seinem Medien- und Forschungsschiff hat Schweikert eine Marktlücke entdeckt. Zumindest in der Theorie. In der Praxis sieht das etwas anders aus. »Wir machen reine Bildung«, erklärt er. Meeresforschung sei nun mal kein quotenträchtiges Thema – weil alle Vorgänge im Meer extrem langsam stattfinden und damit wenig spektakulär sind. Selbst die öffentlich-rechtlichen Sender geben seiner Erfahrung nach ihr Geld eher für augenfällige Themen aus. Frank Schweikert wird nachdenklich: »Die gigantische Funktion, die das Meer für uns hat, haben die meisten noch gar nicht begriffen«, sagt er. »Die Ozeane sind durch den Klimawandel um 30 Prozent saurer geworden. Das ist, als ob man sagen würde: 30 Prozent aller Verkehrswege sind weg. Aber weil das Ganze unter der Wasseroberfläche stattfindet, ist es nicht interessant.« Er ist ver-

Bildung bringt keine Quote

wundert und auch ein bisschen entrüstet darüber, dass sich nicht mehr Leute für ein Thema interessieren, das für ihn das spannendste und wichtigste überhaupt ist.

Frank Schweikert ist Medienprofi. Er kann Fragen in perfekt formulierten Worten beantworten. Wenn es aber ums Meer geht, kommt es vor, dass er abschweift. Er philosophiert dann über den Lebensraum Wasser und dessen Bedrohung durch den Menschen, spricht

von Überfischung und Klimawandel, bis er irgendwann nach dem Faden sucht: »Was war noch mal die Frage?«

Etwa ein Drittel des Jahres ist die »Aldebaran« unterwegs. Mehr als 50 000 Seemeilen hat sie in den vergangenen 20 Jahren zurückgelegt, in der Nord- und Ostsee, im Mittelmeer und sogar in der Karibik. Mittelamerika ist einer ihrer Schwerpunkte – es gab verschiedene Touren dorthin. Die Bilder von einer Expedition nach Belize laufen auf dem Flachbildschirm in der Kajüte. Sie zeigen Doktoren und Professoren deutscher Universitäten in T-Shirt und Taucheranzug bei der Arbeit. Was mit Karibikstränden, Sonne und Palmen nach einer traumhaften Arbeitskulisse aussieht, hat

einen ernsten Hintergrund: Belize ist ein Land, das besonders unter dem Klimawandel leidet, den die Wissenschaftler vor Ort erforschten. »Sinking Paradise« war der Name der Expedition. Es gibt noch Kapazitäten für weitere solcher Fahrten, aber mit der Finanzierung ist es nicht so einfach. Ohne die Investitionen von Stiftungen und Sponsoren wäre die Arbeit der »Aldebaran« gar nicht möglich. Aufträge von Medien machen nur einen Bruchteil der Gelder aus. Schweikert hofft auf mehr Interesse für Wissenschaftsthemen in der Zukunft.

Auf keinen Fall wolle man sich aber kaufen lassen – Lobbyarbeit für Umweltverbände käme deshalb für ihn nicht infrage, betont Schweikert die Unabhängigkeit des Projektes.

»Wir sind Sprachrohr für die Wissenschaft«, sagt er. Finanzielle Schwierigkeiten hin oder her – sein Job mache ihn immer noch glücklich. »Am Schönsten für mich ist, dass ich immer direkt mit dem Meer zu tun haben darf.« Wieder im Hafen angekommen, springt er mit den Leinen an Land, vertäut das Schiff, klettert wieder an Bord, guckt auf die Uhr. Der nächste Termin wartet. Von einem Nine-to-five-Job ist der Meeresforscher meilenweit entfernt. Er arbeitet eher die doppelte Zeit. Denn bei einem Projekt wie der »Aldebaran« gibt es immer etwas zu organisieren. Schweikerts Smartphone ist ein Indikator dafür. Es brummt und klingelt ziemlich oft. »Entschuldigung«, unterbricht er gerade mal wieder, »da muss ich kurz dran.« Es gibt viel zu tun.

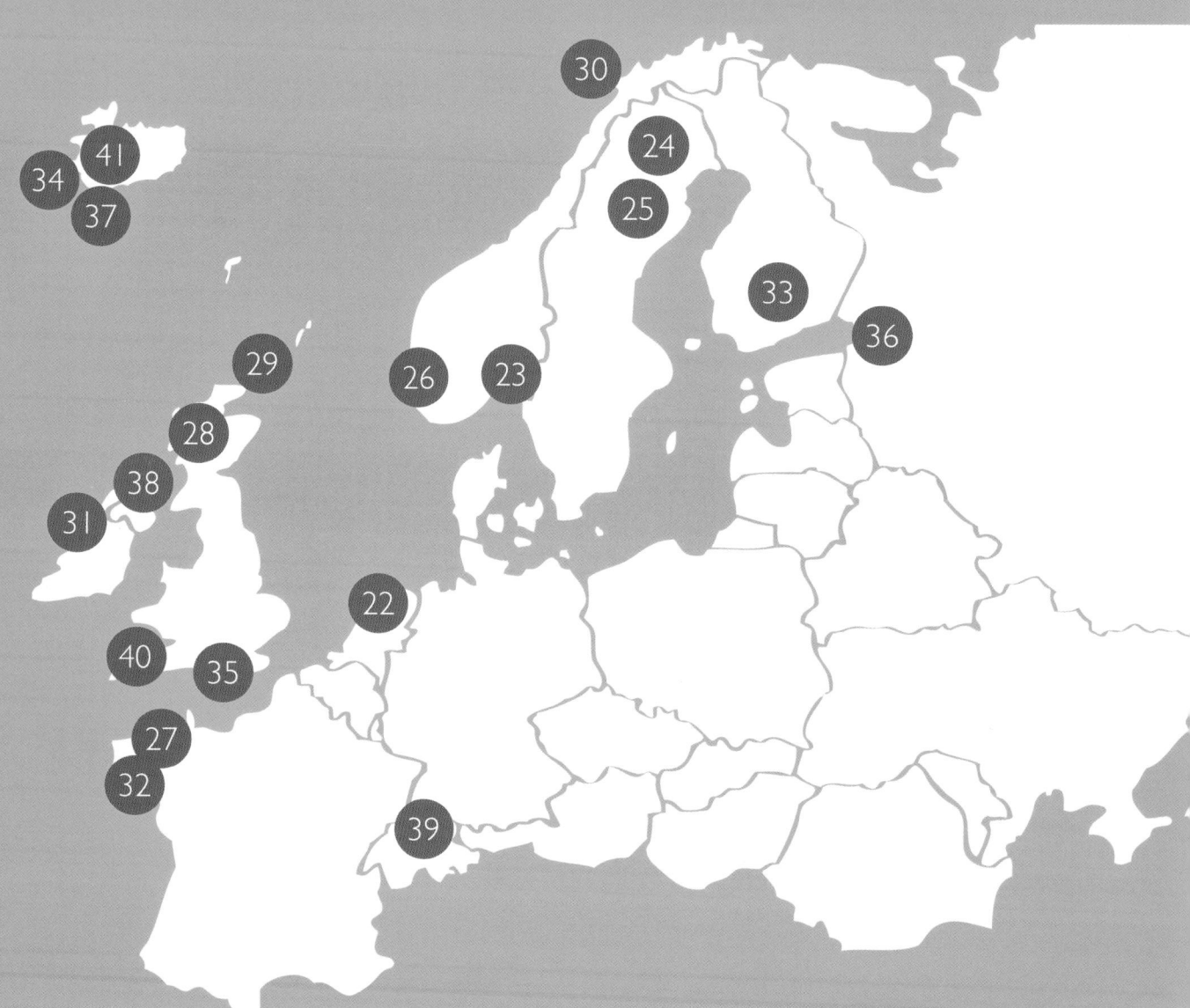

Nord

europa

22 **Schwimmende** Häuser
Amsterdam, Niederlande

Amsterdam ist berühmt für das Leben auf kleinen Hausbooten. Aber es geht auch größer. Viel größer. Im Stadtteil Ijburg leben die Menschen in schwimmenden Häusern. Die Räume wurden auf ins Wasser eingelassene Betontanks gebaut. Vorsicht beim Einzug: Wer Küche und Wohnzimmerschrank an dieselbe Wand stellt, muss mit Schlagseite rechnen.

41

23 **Den Norske** Opera
Oslo, Norwegen

Einem treibenden Eisblock nachempfunden thront das futuristische Opernhaus in der Bjørvika-Bucht der norwegischen Hauptstadt. Für sein strahlendes Kleid sorgen italienischer Carrara-Marmor und die Spiegelungen der Glasfassade.

24 Eishotel
Lappland, Schweden

Eisblaue Wände und kühles Design und mittendrin ein Kristalllüster, den man leise im Luftzug der Lobby klirren hört. Es muss Winter sein am nördlichen Polarkreis. Im April oder Mai ist Schluss mit Klimpern im Eishotel: Dann mildert die Sonne zuerst die scharfen Konturen der Wände, und bis sie erst ein Rinnsal und schließlich einen ganzen Fluss durch die Lobby fließen lässt, werden die kristallenen Gläser geschmolzen sein. Die Metamorphose des Eishotels endet, wenn die Sonne über den Horizont geklettert ist und es über dem Dörfchen Jukkasjärvi 100 Tage nicht mehr Nacht wird.

Erst im Dezember holen die Bauarbeiter wieder schwere Eisblöcke aus den Kühlspeichern, die sie zuvor im Fluss »geerntet« haben. Sie fügen 10 000 Tonnen Eis zu länglichen Iglus zusammen, und Künstler aus aller Welt sägen filigrane Bilder aus dem Eis, formen es zu Tieren oder hängen transparente Blätter an durchsichtige Bäume. Die Touristen kommen im Idealfall mit dem Hundeschlitten vom Flughafen des nur 17 Kilometer entfernten Kiruna. Sie schlafen auf Eisblöcken, mit Rentierfellen bedeckt und von Mützen geschützt, bei minus fünf bis minus acht Grad. In der Eisbar werden Drinks on the Rocks kredenzt, stilecht natürlich in vergänglichen Eisgläsern.

25 Arvidsjaur
Lappland, Schweden

Etwa 500 Autos fast aller Fabrikate werden jeden Winter hierher gebracht, und 1500 Fahrer, Mechaniker, Ingenieure bewegen sie auf dem Eis, rutschen, drehen Pirouetten und testen die Bremsen. Die Sicherheitssysteme ABS und ESP sind auf dieser Rutschbahn perfektioniert worden: ein eiskaltes Geschäft seit fast 40 Jahren – auch für Paparazzi, die automobile Sensationen suchen.

Es ist kalt. Es ist glatt. Spiegelglatt. Im nächsten Städtchen, in Arvidsjaur, wäre die größte erhaltene Samensiedlung Schwedens zu besichtigen, aber das interessiert diese Autofahrer nicht. Sie freuen sich über zugefrorene Seen – 4000 davon gibt es – und leere, eisglatte Straßen, manche schnurgerade, manche in wilde Kurven gelegt.

Darum sind sie hier, oft vier Monate lang. Manche bekommen nach vier Wochen einen Lagerkoller und können keinen Schnee mehr sehen. Dann fliegen sie nach Hause – und kommen eine Woche später wieder. Und fahren. Bei stabilen Testbedingungen. Sie prüfen die Reaktionsfähigkeit von elektronischen Bremssystemen, die für jedes neue Modell angepasst werden müssen.

26 Lysefjord
Rogaland, Norwegen

Hält er oder hält er nicht? Eine Laune der Natur klemmte diesen Stein in über 1000 Metern Höhe zwischen zwei Felsen, als die Gletscher schmolzen und Meerwasser in die u-förmigen Täler strömte. Ein blauer, wolkenloser Himmel über Norwegens Südwesten spiegelt sich im tiefsten Fjord östlich von Stavanger. Auf 40 Kilometern Länge und bis zu 500 Meter tief schneidet er sich vom Atlantik kommend ins Landesinnere. Sie nennen ihn Lichtfjord, weil seine blanken Felswände die Sonne reflektieren. Und Kjeragbolten heißt der Fünf-Kubikmeter-Stein, auf dem geübte Kletterer und Wanderer sich postieren, damit sie zu Hause vorzeigen können, was sie geleistet haben. Das beschwerliche Stück Weg ist mit Eisenketten gesichert, aber steil und teilweise sumpfig. Doch wenn man mit so einem grandiosen Ausblick belohnt wird, ist der stundenlange Aufstieg allemal der Mühe wert. Was man nicht sieht: Das Plateau der höchsten Felswand namens Kjerag (1084 Meter) ist eine überaus beliebte Startrampe für Base-Jumper. Bei den Norwegern zählen Sprünge in die Tiefe zum sportlichen Sommervergnügen. Dem frönen sie auch am gegenüberliegenden Fjordufer: auf der Felskanzel Preikestolen, 600 Meter überm Wasser. Weniger Mutige liegen am flachen Rand des Felsens und genießen den Blick in die Tiefe, in die andere schreiend vor Glück eintauchen. Der Golfstrom sorgt hier an den Fjorden für ein relativ mildes Klima – jedenfalls unten in den Tälern, die auch im Winter nahezu eisfrei bleiben. Die Sommer oben sind kurz. Seit 1984 gibt es eine Autostraße, den Lysevegen, die vom Fjorddorf Lysebotn in die Berge führt. Nach einem 29 Kilometer langen Tunnel windet sich die Straße in 27 Haarnadelkurven bis auf eine Höhe von 932 Metern hinauf, wo sie in Sirdal endet. Wie die Radfahrer samt Zweirädern auf dem Kjerag landeten, bleibt ihr Geheimnis.

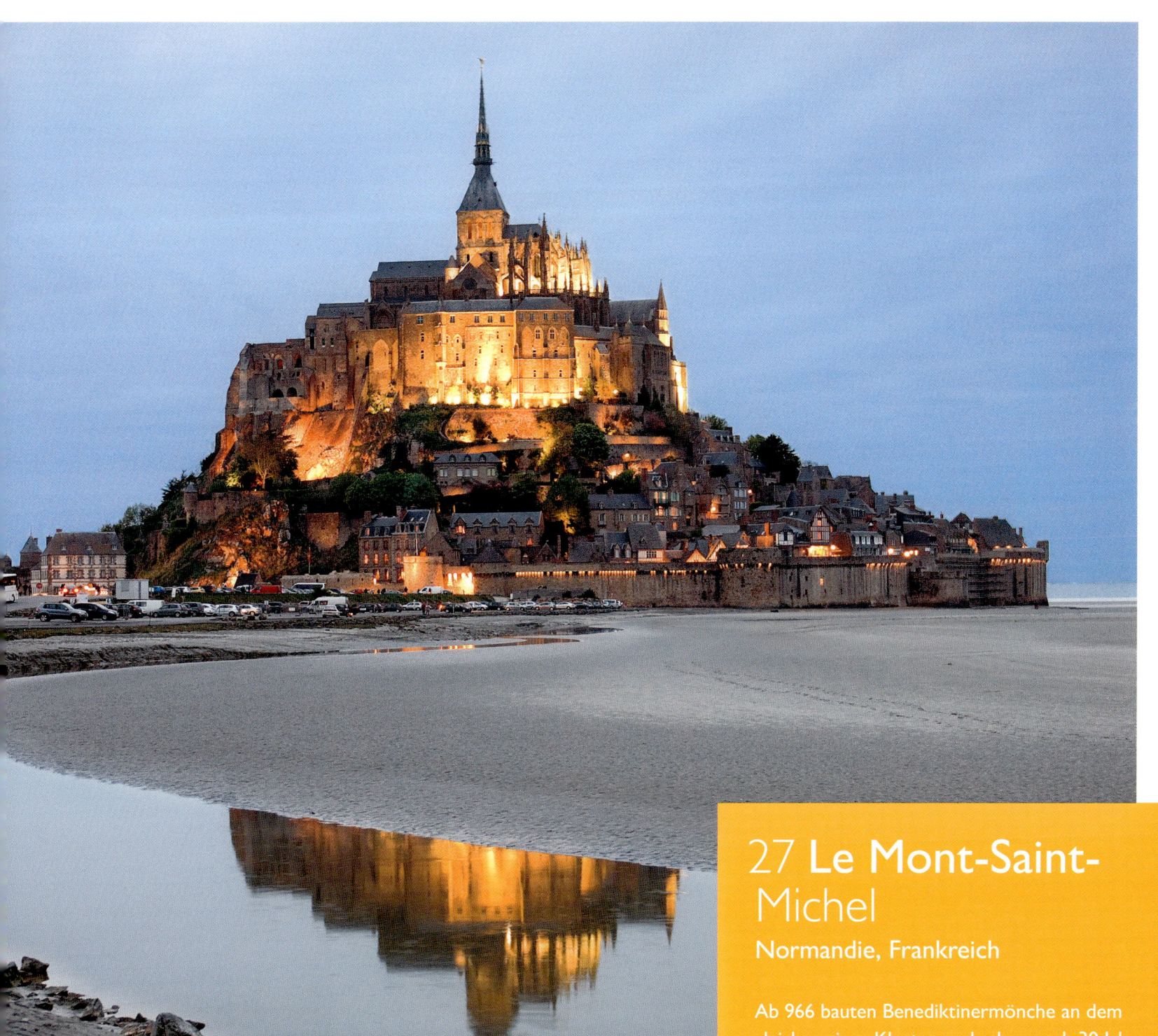

27 Le Mont-Saint-Michel

Normandie, Frankreich

Ab 966 bauten Benediktinermönche an dem gleichnamigen Kloster, und schon nach 30 Jahren gab die Abtei den prächtigen Rahmen für die Hochzeit des normannischen Herzogs Richard II. mit Judith de Bretagne.

28 Loch Ness
Great Glen, Schottland

Vermutlich schläft es, denn still ruht der See. Doch jedes Jahr im Sommer werden zumindest die Ufer quicklebendig. Dann kommen die Schaulustigen, die noch immer hinter dem Ungeheuer von Loch Ness her sind. Wie Jäger halten sie die Kameras gezückt, denn irgendwo in dem 36 Kilometer langen, 1,5 Kilometer breiten und bis zu 230 Meter tiefen, dunklen See nahe dem schottischen Inverness soll das Monster leben. Zum ersten Mal gesichtet wurde Nessie im Jahr 565, als es den irischen Mönch Columba bedroht haben soll. Der vertrieb es mit einem Kreuzzeichen. Berühmt wurde es am 2. Mai 1933 durch einen Artikel im »Inverness Courier«. Da waren die Bäume um den See für den Bau einer Straße gefällt worden. Seitdem will immer wieder jemand was gesehen haben. Ein Jahr später veröffentlichte die »Daily Mail« das wohl bekannteste »Foto« des Monsters. Und 1938 schrieb der Polizeichef der Grafschaft Inverness-shire an das Schottland-Ministerium: »Es steht zweifelsfrei fest, dass es irgendeine seltsame Kreatur in Loch Ness gibt.« So wurde Nessie zum Star. Schließlich untersuchten sogar Wissenschaftler das Phänomen mit Sonarstrahlen. Ihre Ergebnisse waren nahezu profan: Der regelmäßig wiederkehrende Wellengang sei auf die Nordsee zurückzuführen, die das Wasser von Loch Ness im Rhythmus der Gezeiten zum Schaukeln bringe: Die Last des Meeres lasse den Boden Schottlands wippen. Doch so genau wollte das eigentlich niemand wissen.

29 Old Man Of Hoy

Orkney, Schottland

Der Alte Mann steht auf einem Bein, das zweite hat ihm ein Sturm im 19. Jahrhundert fortgerissen. Jetzt fordern neben Wasser und Wind auch Bergsteiger und Base-Jumper die 137 m hohe Felsnadel auf Hoy heraus – einer von 100 Inseln des Archipels der Orkney Islands nordöstlich von Schottland. Chris Bonington war 1966 der Erste, der den roten Sandstein auf grauem Granit erklomm. Im Juli 1967 lockte die Live-Übertragung einer Besteigung 15 Millionen Zuschauer vor die Fernseher. Heute gibt es sieben anerkannte Routen, und jeden Sommer versuchen sich bis zu 50 Bergsteiger.

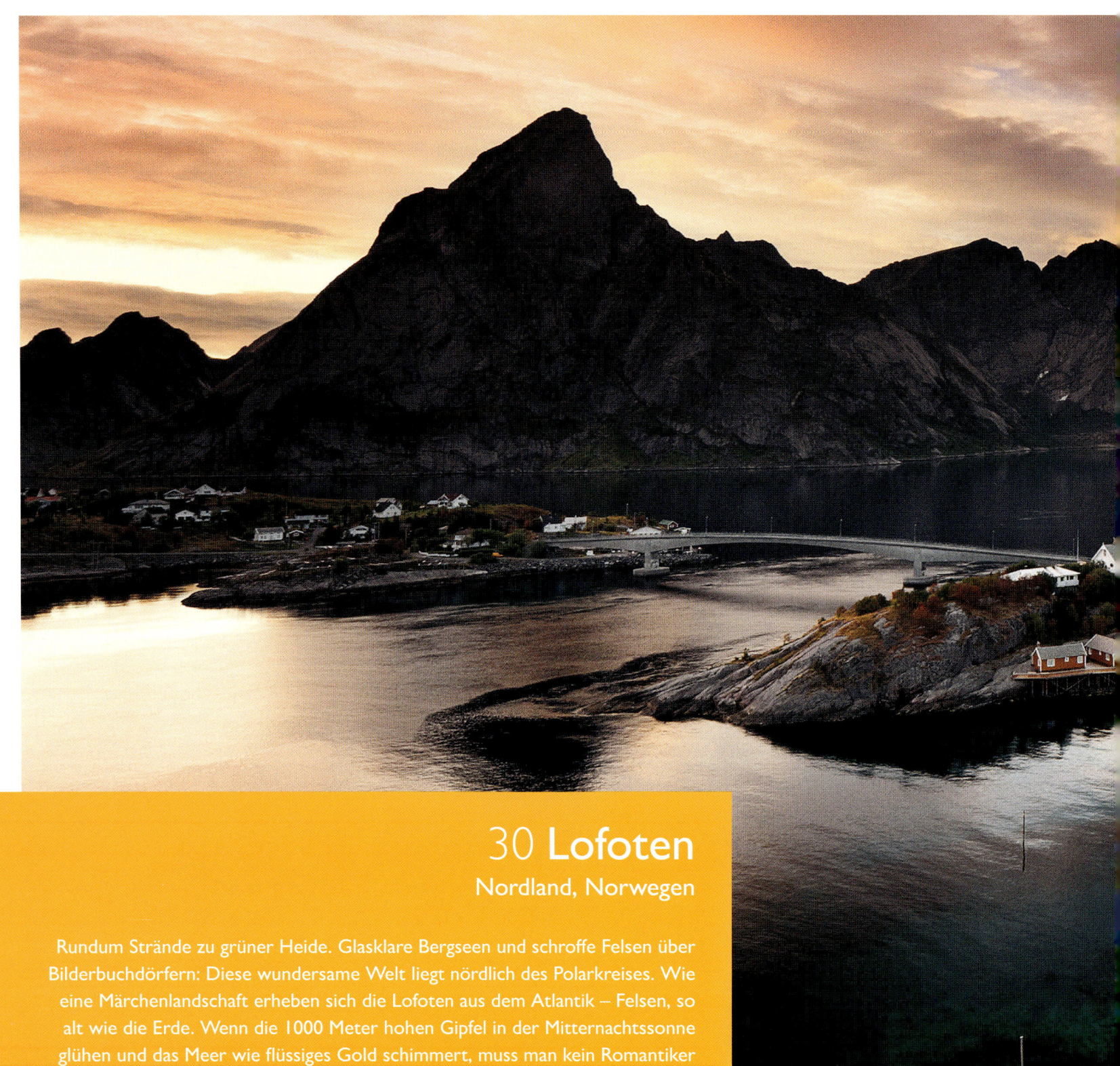

30 Lofoten
Nordland, Norwegen

Rundum Strände zu grüner Heide. Glasklare Bergseen und schroffe Felsen über Bilderbuchdörfern: Diese wundersame Welt liegt nördlich des Polarkreises. Wie eine Märchenlandschaft erheben sich die Lofoten aus dem Atlantik — Felsen, so alt wie die Erde. Wenn die 1000 Meter hohen Gipfel in der Mitternachtssonne glühen und das Meer wie flüssiges Gold schimmert, muss man kein Romantiker sein, um diesen Archipel für einen der schönsten des Planeten zu halten.

31 **Delphi** Lodge
Connemara, Irland

Kristallklares Wasser vor Bergen wie aus grünem Samt. Davor ein Landsitz, der Komfort und Eleganz auf das Schönste konserviert, idyllisch eingebettet in wildes, üppiges Buschwerk. Drei Seen und der Bundorragha River locken Angler an, die mit britischem Sportsgeist Lachse jagen – es gibt sie, die Klischees, die Wahrheit werden, und auch den Spruch, dass es kein schlechtes Wetter, sondern nur falsche Kleidung gibt, darf man hier getrost beherzigen.

32 Austernzucht
Bretagne, Frankreich

Wenn der Atlantik sich zurückzieht und die grünen Bänke im Meerbusen von Ria Etel frei legt, haben Feinschmecker ihre eigenen Bilder im Kopf. Sie hören, wie ihr Taschenmesser die fest verschlossenen Austernschalen zum Knacken bringt, lösen in Gedanken das feste Fleisch. Jetzt noch ein Spritzer vom Zitronenschnitz – schon schlürfen sie und schmecken das Meer und mehr.

Die Insel Saint Cado ist so ein Austernparadies, ein Weiler nur, der über eine 100 Meter lange Steinbrücke mit dem Festland verbunden ist. Auf der einen Seite Fischerhäuser und eine romanische Kapelle, auf der anderen Austernbänke. Bei Flut sind sie unsichtbar, bei Ebbe sieht man die Poches, jene grobmaschigen Säcke, in denen die Austern wachsen, wie nasse Vogelscheuchen auf den Eisenbänken hängen. Da die Austern in den Säcken gern zusammenkleben, schütteln die Arbeiter sie bei Ebbe gut durch, um die Muscheltiere auch einzeln verkaufen zu können.

Die letzten Jahrzehnte bargen schwierige Zeiten für Austernzüchter: Überfischung, Umweltverschmutzung und Viruserkrankungen haben die Aquakulturen zerstört. Dadurch ist die Europäische Auster fast ausgestorben und wird nur noch als Rarität und wertvolles, aber empfindliches Nischenprodukt gehandelt. Den Franzosen aus der Bredouille geholfen hat der Import der japanischen Felsenauster, die seitdem hier gezüchtet wird.

Eine weibliche Auster produziert zwischen Frühling und Sommeranfang zwei Millionen Eier, aber die meisten fallen schnell ihren natürlichen Feinden zum Opfer. Zwei unbeschwerte Lebenswochen hat der schwimmende Nachwuchs – bevor seine Fähigkeit zu schwimmen verloren geht, greifen die Austernfischer zu.

Die anhänglichen Larven sollen sich kontrolliert festsetzen. Heute wie im antiken Rom docken sie gern an Dachziegeln an, die gekalkt ins Wasser gelegt werden. Nach zehn Monaten, wenn sie zwei bis vier Zentimeter groß sind, beginnt die Aufzucht im Sack, und sie lernen, sich im Wasser zu öffnen und im Trockenen zu schließen. Nach drei Jahren folgen Verfeinerung, Säuberung und Krönung des Geschmacks in offenen Becken. Die Feinschmecker können kommen.

33 Saunakultur
Päijänne-See, Finnland

Von wegen Land der 1000 Seen! 188 000 haben sie, sagen die Finnen, und wer ihre Heimat im Sommer überfliegt, sieht nichts als Grün und Blau. Dazwischen schimmert es immer wieder braun oder rot: Das sind die Mökkis, wie die typischen Ferienhäuser heißen. Was kleiner ist als ein Haus, kann nur eine Sauna sein – die gehört dazu wie andernorts ein Garten, den sie in Finnland nicht so dringend brauchen. Hier steht sie direkt am Wasser, die Abkühlung nach dem Saunagang ist nur einen Sprung entfernt. Wie viele Saunen es am Päijänne-See gibt – dem mit 120 Kilometern längsten See des Landes –, kann

man nur schätzen. 16 000 Mökkis, meist in privater Hand, sollen sich auf einem Areal von 2248 Quadratkilometern rund um den See oder auf einer der 1886 Inseln befinden. Da die Sauna ein elementarer Bestandteil der finnischen Kultur ist, dürfte ihre Zahl vermutlich genauso hoch sein.
In die Sauna eingeladen zu werden, ist eine Ehre. Wer jedoch stimmungsvolles Licht, Aromadüfte und Wellness-Musik erwartet, wird enttäuscht. In finnischen Schwitzhütten ist es meist dunkel und duftet nicht, vom gelegentlichen Birkenwasser-Aufguss abgesehen. Man sitzt zur Entspannung beisammen. Keine Sanduhr regelt pedantisch die Zeit. Wem es reicht, der springt ins kalte Wasser. Im Winter

wird ein Loch ins Eis gehackt, oder man wälzt sich im frischen Schnee. Einziges Muss ist das Lob für den Gastgeber: »Sauna oli hyvää!« – Die Sauna war gut!

34 Bláa Lónið
Suðurnes, Island

Das Land der Feen und Trolle scheint um clevere Einfälle nicht verlegen: Ein ruhender Vulkan, ein wenig Süßwasser, viel Meerwasser und ein nahe gelegenes Kraftwerk ...
Einige Jahre schon pumpte ein Geothermalkraftwerk aus dem Vulkansystem des Svartsengi 240 Grad Celsius heißes Wasser aus etwa 2000 Metern Tiefe und speiste den so erzeugten Strom ins Fernwärmenetz ein. Das verbleibende Wasser floss in ein Lavafeld in der Umgebung.

Kieselalgen gaben dem kleinen Salzsee seine poolblaue Farbe. Zunächst entdeckten ihn die Angestellten des Kraftwerks als »Badewanne« für sich, mit Temperaturen von 37 bis 42 Grad Celsius. Als dann die ersten Besucher berichteten, dass ihre Schuppenflechte nach einem Bad verschwunden war, wurde das Becken mit dem Naturheilwasser aus der Tiefe immer bekannter.
Im Jahr 1987 beschloss man die Umwandlung zum Thermalbad, 1999 wurde es eröffnet. Gebäude für Duschen und Umkleideräume standen schon bereit. Eine Klinik und ein Forschungszentrum kamen dazu. Heute ist die Blaue Lagune eine absolute Attraktion. Zur Erfrischung werden natürlich blaue Cocktails gereicht.

35 **Shanklin** Chine
Isle of Wight, Großbritannien

Sie wollten ihn bändigen, den Wasserfall im Süden der Isle of Wight. Der in die romantisch wilde Sandsteinschlucht von Shanklin rauschte und über Jahrhunderte Dichter wie Träumer verzauberte. Sie türmten Steine auf, um ihn zu stoppen. Da verteilte er sich und fand seinen eigenen Weg. Er rieselt hier und plätschert dort und sprudelt an Orten, die wie verwunschen sind – so, wie sie einst die Schmuggler liebten, aber auch die Könige und die Maler.

36 Beleuchtete Brücken
St. Petersburg, Russland

Ende Juni, wenn die Dämmerung St. Petersburg in ein helles, silberblaues Licht taucht und die Weißen Nächte beginnen, stehen nachts Hunderte an den festlich illuminierten Newa-Brücken. Zwischen zwei und fünf Uhr früh erheben sie sich, wie hier die Trotzki-Brücke von 1903, zu einem feierlichen Salut an die großen Schiffe, die sie passieren und die Stadt durchfahren – das scheint wie drei Stunden Glanz der Zarenzeit.

37 Seljalandsfoss
Suðurland, Island

Zuerst fällt spürbar die Lufttemperatur. Dann kommt das dröhnende Rauschen, mit dem der Seljalandsfoss seine Besucher empfängt und als niemals abreißender, gewaltiger Schwall von einer Felswand über 66 Meter in die Tiefe stürzt. Mit diesem mächtigen Wasserfall ergießt sich der Fluss Seljalandsá in die Überschwemmungsebene des Markarfljót, in den er wenig später mündet.

Brandung und Sedimentablagerungen sowie glaziale Erhebungen nach der letzten Eiszeit haben hier die Küste abgeflacht und um fünf Kilometer ins Meer hinaus geschoben. Wer im Süden Islands über die Ringstraße 1 fährt, die durch diese Region zwischen Küste und langgezogener Felswand führt, staunt immer wieder über kleine und große Wasserfälle, die aus der Wand schießen. Manche Gletscherflüsse springen in Stufen hinunter, andere schütten Wasserkaskaden mit großem Schwung auf die Ebene. Mal bilden sich mystisch schimmernde Glitzervorhänge vor schwarzem Basalt, mal tost das Wasser als gewaltig rauschende Kraft über rund gewaschene Steine. Zwei der spektakulärsten Stürze, der Seljalandsfoss und der Skógafoss, liegen unterhalb der Südflanke des großen Gletscherschildes Eyjafjallajökull. Ein Name, den im April 2010 fast alle Europäer ausspre-

chen konnten, denn so heißt auch der hier befindliche Vulkan, dessen Asche nach zwei Ausbrüchen wichtige Flugrouten behinderte. Der Seljalandsfoss hat seine Umgebung in ein Naturparadies verwandelt. In bunten Felswänden wiegen sich ausladende Farne im ewigen Regen, genießen gelbe und weiße Blüten sichtlich die nie versiegende Dusche, leuchten Moose und Flechten in frischem Hellgrün und Rostrot. Ein rutschiger, feuchter Pfad führt am Felsen hinter dem Wasserfall

entlang. Man kommt nicht ganz trocken daran vorbei und muss auch ein wenig auf sein Gleichgewicht achten, wird aber mit einzigartigen Landschaftsbildern jenseits des Wasservorhangs belohnt.

Bei Sonnenuntergang führt die Insel aus Feuer und Eis die schönsten Ergebnisse dieser Symbiose vor. Dabei ist es so laut, dass man die Vögel nicht mehr zwitschern hört. Dafür spreizt in der Nähe bestimmt ein Kormoran seine nassen Flügel zum Trocknen.

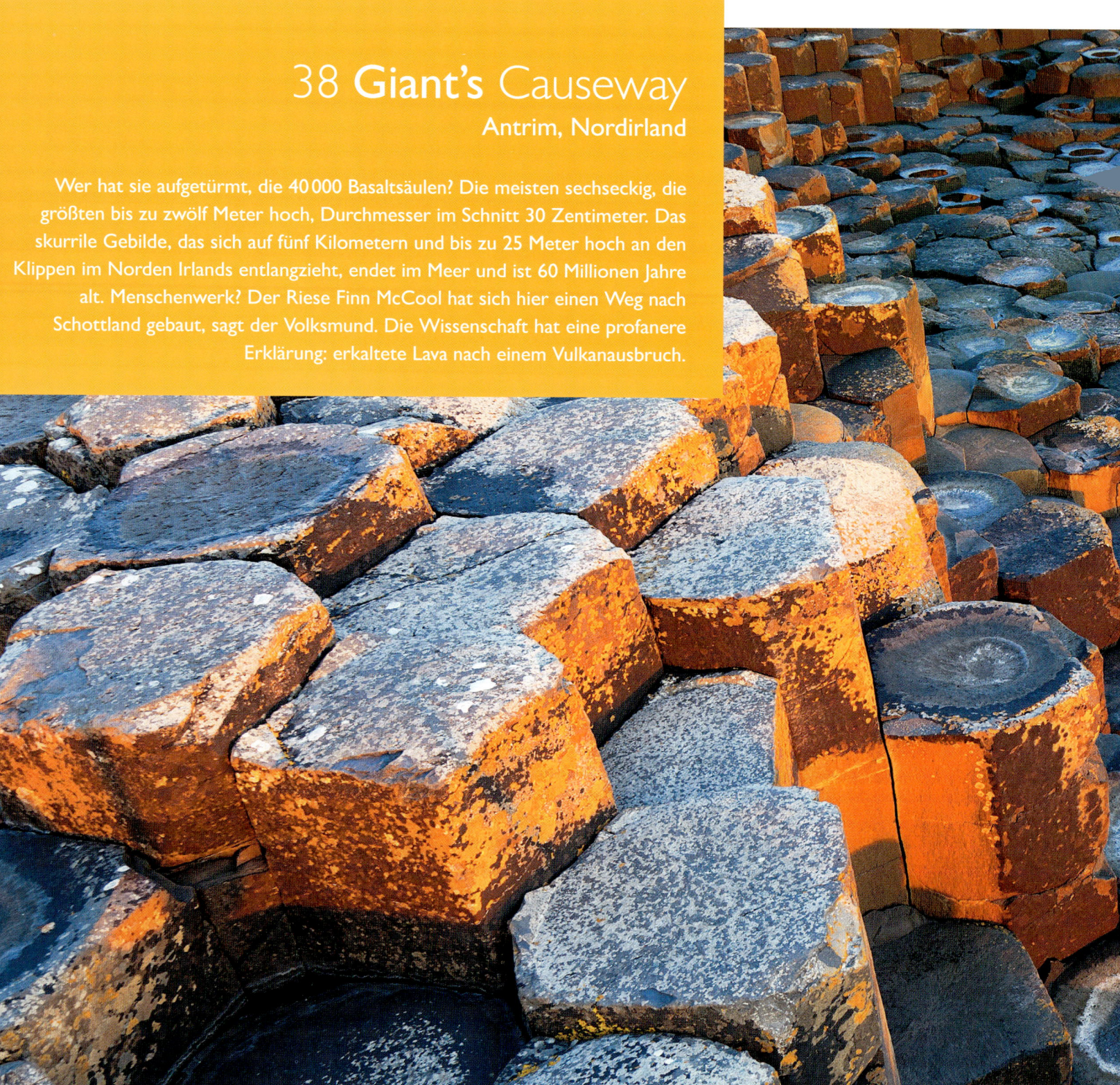

38 **Giant's** Causeway
Antrim, Nordirland

Wer hat sie aufgetürmt, die 40 000 Basaltsäulen? Die meisten sechseckig, die größten bis zu zwölf Meter hoch, Durchmesser im Schnitt 30 Zentimeter. Das skurrile Gebilde, das sich auf fünf Kilometern und bis zu 25 Meter hoch an den Klippen im Norden Irlands entlangzieht, endet im Meer und ist 60 Millionen Jahre alt. Menschenwerk? Der Riese Finn McCool hat sich hier einen Weg nach Schottland gebaut, sagt der Volksmund. Die Wissenschaft hat eine profanere Erklärung: erkaltete Lava nach einem Vulkanausbruch.

39 Rheinfall
Schaffhausen, Schweiz

Als größter Wasserfall Europas stürzt der Rhein auf dem Weg vom Bodensee nach Basel lärmend und tosend in 23 Meter Tiefe. Auf einer Breite von 150 Metern mit etwa 700 Kubikmetern pro Sekunde. Hunderte sehen täglich zu, von Schloss Laufen aus in sicherer Entfernung, oder vom »Känzeli« direkt über dem Inferno. Das fühlt sich dann wie Regen an – was für ein R(h)einfall für alle, die darauf nicht vorbereitet sind.

40 Gwithian
Cornwall, Großbritannien

Eine faszinierende Felsenküste überragt den kilometerlangen Sandstrand an der Nordküste Cornwalls, dort, wo Gesteine so dramatische Namen haben wie Hell's Mouth. An eben jenem Höllenschlund stand am 7. Oktober 2011 ein Mann und filmte, als es plötzlich knirschte und krachte und kurz darauf an die 100 000 Tonnen Fels unter gewaltigem Donner und in rote Wolken gehüllt in den Atlantik rauschten. Er stellte den Film ins Netz: Geologen aus aller Welt sehen dem Schauspiel der Erosion noch immer mit großer Spannung zu. Circa alle fünf Jahre soll es zu ähnlichen Abbrüchen kommen. Erosionsgefährdet sind auch die breiten Sanddünen, deren Bepflanzung verhindern soll, dass der Wind den schönen Strand am Nordende der St Ives Bay abträgt. Die Wellen beeindrucken Surfer aller Mut- und Schwierigkeitsgrade. Außer ein paar Surfschulen gibt's hier nichts – von einer wunderbar exklusiven Einsamkeit einmal abgesehen.

41 Strokkur
Suðurland, Island

Er gluckert und blubbert und wirft Blasen: Das Wasser siedet im kleinen Geysir, dem Strokkur (»Butterfass«), bevor es dann plötzlich in einer kochenden Säule bis zu 25 Meter hoch in den Himmel schießt. Das passiert etwa alle zehn Minuten, manchmal zwei oder drei Mal hintereinander. Wer danach unbekümmert seine schmutzigen Schuhe am Rand des Geysirs reinigen will, zuckt schnell zurück. Während es das Wasser unten im Schacht auf gute 125 Grad bringt, ist es beim Erdaustritt immer noch kochend heiß.

Es ist der hohe Druck in den tieferen Erdschichten, der die enorme Explosionskraft der Geysire bewirkt. Der Chemiker Robert Wilhelm Bunsen hat ihre Funktionsweise 1846 zum ersten Mal wissenschaftlich erklärt. Da war der benachbarte Große Geysir, der zum Namensgeber für die Gattung der Springquellen wurde, noch hyperaktiv, und seine Wassersäulen erreichten bis zu 60 Meter Höhe. Zu Beginn des 20. Jahrhunderts stellte er seine Tätigkeit vorübergehend ein. Ein schweres Erdbeben im Juni 2000 ließ ihn wieder in Aktion treten. Doch kann man sich auf seine Eruptionen nicht verlassen.

Süd

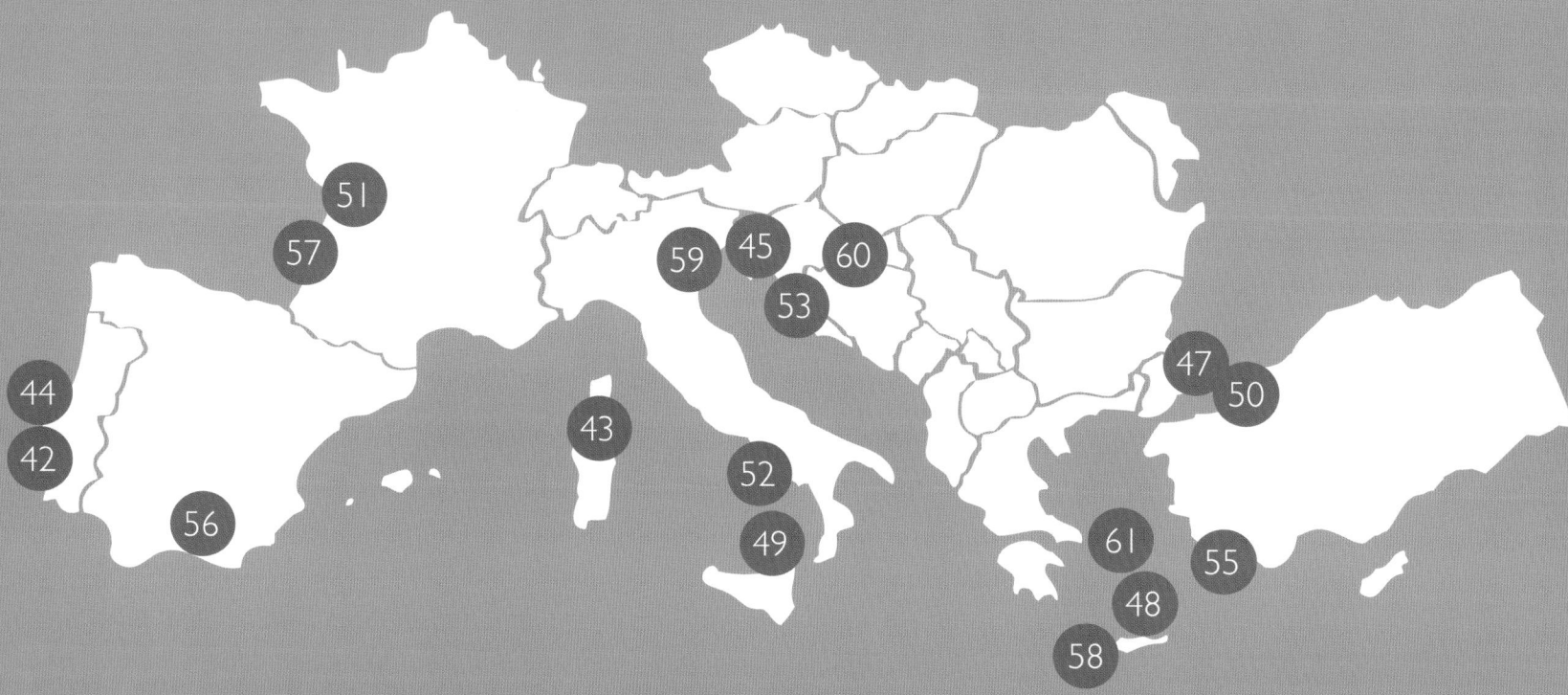

europa

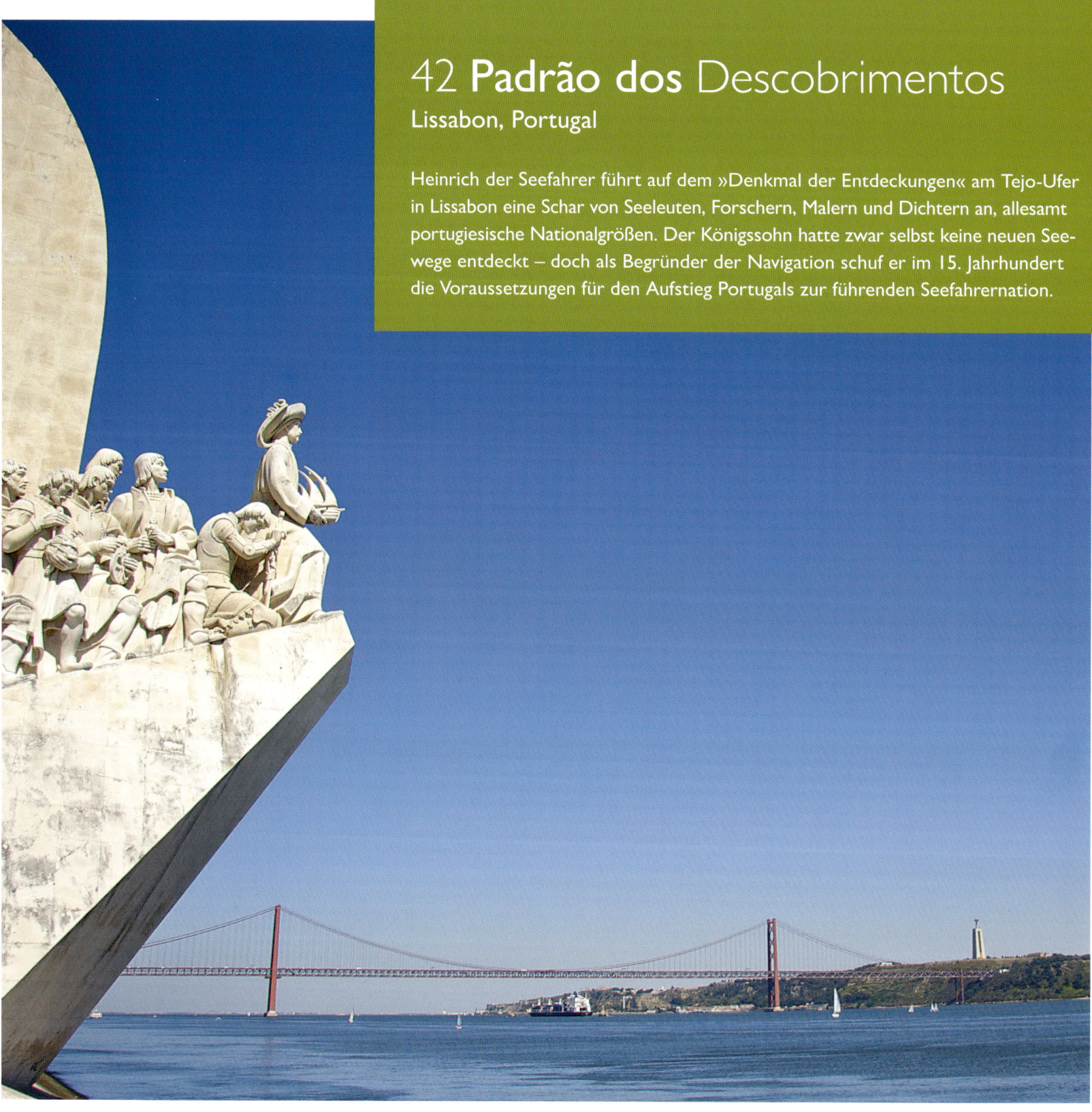

42 **Padrão dos** Descobrimentos
Lissabon, Portugal

Heinrich der Seefahrer führt auf dem »Denkmal der Entdeckungen« am Tejo-Ufer in Lissabon eine Schar von Seeleuten, Forschern, Malern und Dichtern an, allesamt portugiesische Nationalgrößen. Der Königssohn hatte zwar selbst keine neuen Seewege entdeckt – doch als Begründer der Navigation schuf er im 15. Jahrhundert die Voraussetzungen für den Aufstieg Portugals zur führenden Seefahrernation.

43 Bonifacio
Korsika, Frankreich

Verwegen ragen die Häuser über die gut 60 Meter hohe und schneeweiße Kreidesteilküste, umspielt und unterspült von einem bilderbuchblauen Meer. Nur zwölf Kilometer Meerenge trennen Korsika hier von Sardinien. An 300 Tagen im Jahr bläst der Wind um das Kap, doch er treibt mittlerweile keine Windmühlen mehr an. Er nagt an den Häusern, die sich in den engen Gassen der Oberstadt aneinanderdrängen. Eine Festungsmauer umgibt Zitadelle, Kasernen, Friedhof und Kloster. Die zu dem Örtchen gehörenden Häfen liegen im Schutz eines Fjords, fast eineinhalb Kilometer tief in den

Kalkstein gefräst. Sehnsüchtig beobachten Spaziergänger auf der Rampe zur Oberstadt die Kreideklippen und Felsen, exquisite Tummelplätze der mutigsten Springer und Schwimmer. Fast unnötig zu erwähnen, dass die strategisch günstige Lage durch alle Zeiten Eroberer anlockte.

44 Cabo da Roca
Portugal

Gegen die Klippen westlich von Lissabon wirft sich lärmend der Atlantik, als wüte er gegen die Grenze, die sie ihm setzen. Mag er die Felsen auch hie und da unterhöhlt haben, markieren sie doch unverrückbar »den Ort, wo die Erde endet und das Meer beginnt« – wie es, auf einer Steinsäule nachzulesen, Portugals Nationaldichter Luis de Camões im 16. Jahrhundert so trefflich beschrieb. Nur dass nicht die Erde hier endet, sondern das europäische Festland. Knapp 140 Meter über dem Meer ist dies sein westlichster Punkt. Jenseits des Horizonts, und nur 6000 Kilometer weiter, beginnt Amerika.

Agaven und Fuchsschwanz wachsen hier. Und Sukkulenten; von Gartenfreunden irgendwann als Bodendecker aus Südafrika eingeführt, haben sie sich unausrottbar in die Felsen gekrallt. Man sieht die Eindringlinge hier nicht gern und kann sich ihrer doch nicht erwehren. Schreiend segeln Wanderfalken, die überall in den Felswänden nisten, am Leuchtturm vorbei.

45 Rovinj
Istrien, Kroatien

Das Städtchen Rovinj an der Westküste der Halbinsel hat
nicht nur nahe am Wasser gebaut, sondern auch an Venedig: So ist sein Wahrzeichen, der Glockenturm der Kirche
der Hl. Euphemia, vom Campanile abgeguckt. Im Süden
und Südwesten umspült die Adria die Hausmauern.

46 Lago Verde
Lanzarote, Spanien

Eine der bekanntesten Sehenswürdigkeiten der Kanareninsel droht zu versickern – und noch gibt es keine wirkliche Erklärung dafür: Der grüne See liegt nur wenige Meter vom Dorf El Golfo entfernt und ist nur zu Fuß zu erreichen. Gebildet hat sich der Lago Verde in einem im Meer versunkenen Vulkankrater. Algen gaben ihm seine leuchtende Farbe. Früher strömte unterirdisch Meerwasser in die auf Lavagestein gebettete Lagune und glich so Verdunstungsverluste aus. Diese Quelle scheint versiegt. Seither wird der See immer kleiner.

47 Yerebatan Sarnıcı
Istanbul, Türkei

Die Stadt hieß noch Konstantinopel, als Kaiser Justinian den Wasserspeicher unter einer Basilika anlegen ließ. Fast 1500 Jahre später erscheint die Zisterne selbst wie eine solche: Durch einen unscheinbaren Eingang gegenüber der ehemaligen byzantinischen Kirche Hagia Sophia gelangt man in eine bunt illuminierte Unterwelt aus 336 Säulen, die sich im Wasser spiegeln – acht Meter hoch, mit korinthischen Kapitellen. Zwei gründen auf Medusenhäuptern, deren Herkunft bis heute im Dunkeln liegt.

Klassische Musik begleitet das Farbenspiel im wichtigsten Reservoir des alten Byzanz, dessen 80 000 Kubikmeter Fassungsvermögen einst den Palast und Teile der Stadt versorgte. Als die Osmanen 1453 Konstantinopel eroberten und fließendes Wasser bevorzugten, geriet die Cisterna Basilica in Vergessenheit. Bis sich im 16. Jahrhundert ein Holländer, der die byzantinischen Ruinen erforschte, im Ruderboot durch die zwölfreihige Säulenhalle wagte und das Meisterwerk weltbekannt machte. Zu diesem Zeitpunkt holten die Anwohner ihr Wasser mit Eimern durch Löcher des baufälligen Daches. Inzwischen mehrfach restauriert, vom Schlamm befreit und mit Stegen versehen, kann man die Zisterne wieder bewundern – samt den Fischen, die dort schwimmen.

46

47

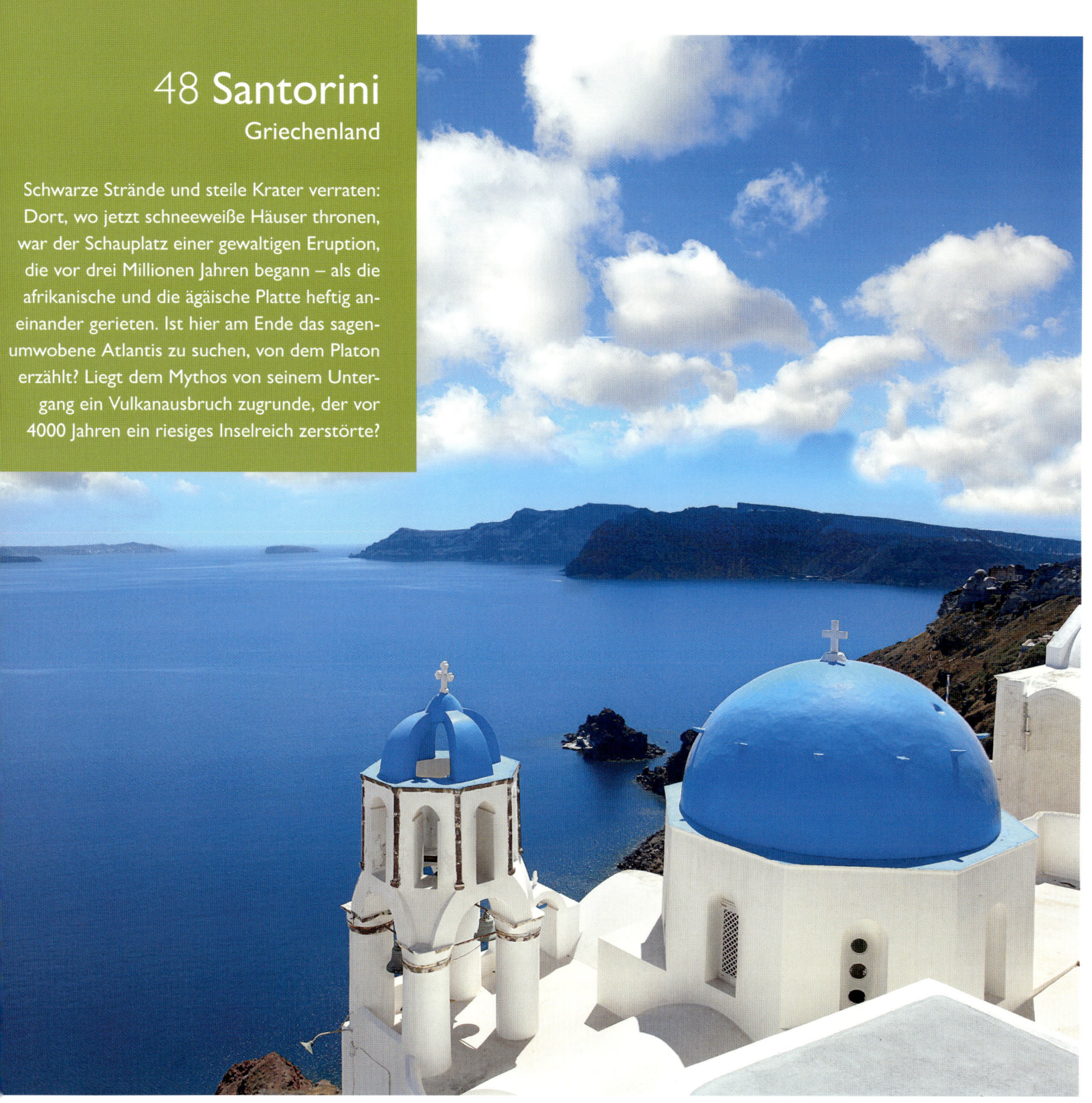

48 Santorini
Griechenland

Schwarze Strände und steile Krater verraten: Dort, wo jetzt schneeweiße Häuser thronen, war der Schauplatz einer gewaltigen Eruption, die vor drei Millionen Jahren begann – als die afrikanische und die ägäische Platte heftig aneinander gerieten. Ist hier am Ende das sagenumwobene Atlantis zu suchen, von dem Platon erzählt? Liegt dem Mythos von seinem Untergang ein Vulkanausbruch zugrunde, der vor 4000 Jahren ein riesiges Inselreich zerstörte?

49 Liparische Inseln
Italien

Auf seinen Irrfahrten verschlug es Odysseus auch auf die sagenumwobene Insel Aiolia, Wohnsitz des Windgottes Aeolus. Um ihm eine glückliche Heimkehr zu ermöglichen, sperrte der Herr der Lüfte alle widrigen Winde kurzerhand in einen Sack, den er dem Helden von Troja mitgab. Als die Gefährten ihn heimlich öffneten, trieben die entfesselten Stürme das Schiff kurz vor dem Reiseziel nach Aiolia zurück. Benannt nach dem antiken Mythos, kennt man die Äolischen Inseln heute besser unter dem Namen ihrer größten: Lipari. Die Vulkaninseln vor der Nordküste Siziliens waren schon vor unserer Zeitrechnung zum Teil besiedelt und lieferten, umnebelt von Lavadämpfen, Kapern und Wein. Der Stromboli gilt als Europas aktivster Vulkan – zumindest solange der still vor sich hin schwefelnde Vulcano auf der gleichnamigen Nachbarinsel nicht erwacht.

50 Hagia Sophia
Istanbul, Türkei

Der erste oder letzte Blick vom Marmarameer auf Europa! Unzählige Schiffe passieren die Halbinsel mit dem ältesten Stadtkern Istanbuls auf dem Weg zwischen Ägäischem und Schwarzem Meer. Auf den Resten von Byzanz erhebt sich stolz und gewaltig die Hagia Sophia. Erst die laizistischen Reformen Atatürks machten das Gotteshaus 1935 zu einem Museum. Bis zur Eroberung Istanbuls durch die Türken 1453 war die Hagia Sophia, was sich mit »göttliche Weisheit« übersetzen lässt, fast 1000 Jahre lang geistiger Mittelpunkt des byzantinischen Reiches, dann fast 500 Jahre Moschee. Ihre riesige Kuppel, die auf nur vier 60 Meter hohen Pfeilern ruht, wölbt sich über dem größten Kirchenraum der Christenheit. Sie stürzte vier Mal bei Erdbeben ein, ehe den Baumeistern die statisch beste Lösung gelang. 10 000 Arbeiter schufen das gigantische Bauwerk in nur fünf Jahren – ohne Holzgerüst, nur mit aufgeschütteter Erde. Zu Pferde durchritt Kaiser Justinian die riesige Halle, um seinem Schöpfer für die Gnade zu danken, ihm zu Ehren etwas so Herrliches gebaut haben zu dürfen.

51 | **Marais** Poitevin
Frankreich

Am Ende haben die Holländer geholfen mit ihrer Jahrhunderte
langen Erfahrung, Land trocken zu legen. Aber auch sie waren
nur mäßig erfolgreich, wie die Mönche zuvor, sodass dem
Westen Frankreichs das nach der Camargue größte Sumpf-
gebiet erhalten blieb. Heute erstreckt sich der Marais Poitevin
über die Départements Vendée, Deux-Sèvres und Charente-
Maritime und wird vom Fluss Sèvre gespeist. Satte 70 Prozent
macht der feuchte Teil aus. 75 Gemeinden locken Besucher in
die als Venise Verte (»grünes Venedig«) bekannten Sümpfe –
100 000 Hektar Feuchtgebiet, durchzogen von Kanälen. Blühen-
de, von Gräben gerahmte Parzellen mit reetgedeckten Hütten,
Birken, die sich im Wasser neben Entengrütze spiegeln und
schattig grüne Blattgewölbe sind die Überraschungen, die eine
Kahnfahrt hier zum Naturerlebnis machen.

52 **Villa** Malaparte
Capri, Italien

Sind die Faraglioni-Felsen vor Capri ein Wunder der Natur, so ist die ziegel-
rote Villa hoch über dem Golf von Neapel eine Ikone der Architektur, die
sich der Schriftsteller Curzio Malaparte auf den Punta Masullo stellen ließ.
»Ein Haus wie ich«, wollte er schaffen, »traurig, hart und streng«, und fand
in Adalberto Libera einen Architekten, der seine kühnen Pläne 1938 bis 1940
realisierte und der traumhaft schönen Landschaft noch eins drauf setzte.
1963 kam das Haus zu Leinwandruhm, als sich Brigitte Bardot in Godards
»Die Verachtung« auf seiner Terrasse sonnte.

53 **Krka**-Wasserfälle
Kroatien

Gerade noch ein jadegrüner Fluss, stürzt die Krka hier jäh 800 Meter schäumend zu Tal, schießt über 17 Kalkterrassen, vorbei an hängenden Moosen, funkelnden Zweigen und glitschigen Algen und lädt zum Bad in der Gischt. Der Fluss, gespeist von unterirdischen Wasserläufen, stürzt acht größere Stufen hinab und fließt bei Šibenik ins Meer. Kein Wunder, dass in dieser malerischen Gegend Elfen, Kobolde und Wassergeister zu Hause sein sollen – und in den 1960er-Jahren die Winnetou-Filme gedreht wurden.

54

54 San Juan
Lanzarote, Spanien

Wo stand der Fotograf, als er den Australier Nic Muscroft bei diesem Kunststückchen aufnahm? Besser hätte er den Moment nicht einfangen können. Vorne der türkisfarbene unruhige Atlantik der Playa San Juan im Norden Lanzarotes, der Surfstar tanzt auf seinem Brett über die Wellen, verneigt sich dabei wie bei einem vollendeten Sonnengruß und zieht einen Schweif Gischt hinter sich her. Im Hintergrund leuchten die vulkanroten Berge der Insel »La Graciosa«.

Die Playa San Juan gehört nicht nur in Zeiten internationaler Wettbewerbe den Profis unter den Surfern. Anfängern ist dieser Strand – wenn überhaupt – nur mit Begleitung und bei ruhiger See zu empfehlen. Die Wellen können sich hier an stürmischen Tagen bis zu vier Meter hoch auftürmen und rasen tosend auf das Ufer zu. Die häufig gehisste Flagge rät Schwimmern, sich hinter die windgeschützten Dünen zurückzuziehen. Langweilig wird es auch dort nicht, denn es gibt immer etwas zu beobachten: die Balanceakte der Ungeübten auf dem Trockenen, die sehnsüchtig darauf warten, sich auf dem Wasser zu beweisen, Fortgeschrittene, die sich nur Sekunden oben halten, aber unermüdlich immer neu aufsteigen. Oder eben Akrobaten wie Nic Muscroft, der Pirouetten dreht und auf den Wellenkämmen reitet, als wäre er mit dem Brett verwachsen. Als Muscroft endlich an Land kommt, hat man fast den Eindruck, dass er ins Wanken gerät. Nur weil er plötzlich festen Boden unter den Füßen hat?

55 Ölüdeniz
Türkei

Eine tiefblaue Lagune, ein Bilderbuchstrand mit seichtem Wasser, türkisgrün umrahmt vom kristallklaren Mittelmeer – solche Bilder mit Karibikflair bringen alle Gleitschirmflieger mit, die Sommer für Sommer am Gipfel des fast 2000 Meter hohen Babadog starten und die Thermik für einen Flug über die Küste und das Naturreservat an der Ägäis nutzen. Die Höhenunterschiede machen dieses Gebiet am Rande des Taurusgebirges in der südwestlichen Türkei zum Paradies für Paraglider, die sich am Ende der Saison hier zu den International Airgames treffen.

Ölü Deniz heißt totes Meer, weil hier Windstille herrscht und kaum ein Lüftchen das Wasser bewegt. Umso mehr bewegt sich das reichlich mit Liegen und Sonnenschirmen bestückte Strandareal. Es teilt das Schicksal fast aller einstigen Geheimtipps: Besucher sind enttäuscht, wenn das Paradies an einer Kasse beginnt, die gesuchte Einsamkeit nicht einmal mehr im September zu erwarten ist und Kies unter den Füßen knirscht, wo weißer Sand erwartet wird.

55

56 Alhambra
Granada, Spanien

Fasziniert allein schon die Fülle an Marmornischen, Azulejos, Arkaden, Säulen, Zedernholzdecken, so steigert sich die Schönheit der Architektur noch vielfach gespiegelt im allgegenwärtigen Wasser. Licht, Wasser und Raum schaffen ein Gleichgewicht, das dem Betrachter in seiner stilistischen Reinheit die Sprache verschlägt. Maurische Palaststadt, mittelalterliche Veste und ein Fest fürs Auge, schimmert die Alhambra vor den Schneehäuptern der Sierra Nevada rot in der Abendsonne. Was die Mauren nach Eroberung der iberischen Halbinsel im 7. Jahrhundert in Andalusien schufen,

ist ohne den Islam nicht zu verstehen, der keine weltlich-religiöse Trennung kennt. Durch die Gabe des Wassers macht Allah das Leben im unfruchtbaren Land (arab) erst möglich, während die Wüste lebensfeindlich bleibt. Die Gärten und Innenhöfe sind nach den Paradiesbeschreibungen des Korans angelegt: Zwei gekreuzte, rechteckig ummauerte Wasserkanäle etwa stehen für den Strom, der »von Eden in alle Himmelsrichtungen« fließt, die vier üppig bewachsenen Quadranten für die Hauptabschnitte des menschlichen Lebens. Ein Brunnen oder Pavillon symbolisiert den »Weltenberg in der Mitte«. Die vom Wasser reflektierten Sonnenstrahlen zeichnen wogende Arabesken auf die Mauern und erwecken die in Gips ziselierten Ornamente zum Leben.

57 Fort Boyard
Frankreich

Ein steinernes Schiff? Ein Riesenspielzeug im Meer? Für Napoleon jedenfalls war das Fort ein Flop und für Frankreich zunächst auch, denn eine ernst zu nehmende militärische Bedeutung hatte es nie. In der kurzen Zeit der Pariser Kommune 1871 diente es als Gefängnis, 1962 wurde es an einen Zahnarzt verkauft und bald wieder zurückerworben. Inzwischen ist das Fort Fernsehstar einer Spieleshow in Frankreich und seit 1990 auch in Deutschland bei unterschiedlichen Privatsendern. Name der Show: »Fort Boyard«. Die ovale Festung vor der französischen Atlantikküste, zwischen der Ile d'Aix und der bekann-

teren Ile d'Oléron, liegt wie ein Fremdkörper im Wasser: 61 Meter lang und 20 Meter hoch. Konzipiert wurde sie im 17. Jahrhundert, um das strategisch wichtige Marinearsenal von Rochefort vor den Engländern zu schützen. Eigens dazu wurde der berühmte Festungsbaumeister Vauban beauftragt. Der jedoch lehnte ab: Ein solches Bauwerk sei nicht realisierbar. 150 Jahre später, 1801, wagte Napoleon einen neuen Anlauf. Gezeiten und starke Strömungen erlaubten nur Arbeiten bei Ebbe und im Sommer. Felsblöcke wurden auf die Sandbank gebracht, sanken aber ein. 1809 wurde der Bau eingestellt, 1837 jedoch wieder aufgenommen – die Spannungen zwischen Frankreich

und England ließen die Fertigstellung ratsam erscheinen. 20 Jahre später war es so weit. Da machten die Reichweiten der Küstenbatterien das Fort schon überflüssig.

58 Lagune von Balos
Kreta, Griechenland

Gut Ding will Weile haben: Es dauerte mehrere Millionen Jahre, bis eine allmähliche tektonische Hebung die Westküste Kretas mit der ursprünglich vorgelagerten Insel des heutigen Kap Tigani verband. An der so entstandenen Brücke lagerte sich feiner Korallen- und Muschelsand an und formte die Lagune. Daraus ist ein herrlicher Badestrand geworden, den man über eine acht Kilometer lange unbefestigte Straße erreicht. Die Mühe lohnt sich!

59 **Canal** Grande
Venedig, Italien

Venedig ohne Wasser wäre wie die Alpen ohne Berge, wie
Schmetterlinge ohne Flügel, wie Rosen ohne Dornen.
Venedig versinkt? Aber doch noch nicht gleich.

60 Nationalpark Paklenica
Velebit-Gebirge, Kroatien

Zwei Wildbäche, Velika Paklenica und Mala Paklenica, haben im Süden der größten kroatischen Gebirgskette Velebit fantastische Schluchten in die Karstfelsen gegraben. Das Gebiet zwischen dem mit 1757 Metern höchsten Gipfel Vaganski Vrh und der Adria wurde schon 1949 zum Nationalpark erklärt. Die »kleine Hölle« ist nicht besonders groß, aber umso spektakulärer, wenn die bis zu 700 Meter hohen bizarren Felswände im Canyon Velika Paklenica bis auf 50 Meter zusammenrücken und sich dann wieder zu einer bis zu 800 Meter breiten Schlucht auftun, in deren Wänden sich überall Höhlen verbergen. Wo das Wasser sprudelt, wachsen Wälder, in denen Luchse, Wölfe, Steinadler und sogar Braunbären zu Hause sind.

61 Paros
Griechenland

Wer bei Sundownern und Kerzenlicht die Hafenidylle vor dieser Taverne in Naoussa genießt, kann sich wohl kaum vorstellen, dass an gleicher Stelle dereinst eine erdgeschichtliche Katastrophe stattfand. Der zusammenhängende Ägäische Kontinent war durch tektonische Bewegungen auseinandergebrochen und bescherte uns so die Inselwelt der Kykladen im Zentrum des Ägäischen Meeres – heute Traumziel von Millionen Touristen. Die kleine Insel Paros, 22 Kilometer lang und 15 Kilometer breit, war schon in der Antike wegen ihres Marmors berühmt. Wie sich die Kykladen überhaupt als El Dorado für Handwerker und Bildhauer erwiesen mit ihren Vorkommen an Schiefer, Gneis – und eben jenem weißen Marmor. An der Nordseite des 771 Meter hohen Profitis Ilias, wie die höchsten Berge der Inseln genannt werden, soll es noch welchen geben... Heutige Besucher lieben die weiß gekalkten Mauern, die das blaue Meer umso intensiver leuchten lassen. Ein Anziehungspunkt für Fremde war die Insel schon seit je – etwa für den byzantinischen Kaiser Justinian, der die schöne Kirche Katapoliani hinterließ. Auch Ägypter, Türken, Russen waren hier. Allerdings nicht immer in freundlicher Absicht.

Die **Freischwimmerin**

Wasser ist ihr Element: Margit Bohnhoff durchschwimmt
den Ärmelkanal und die Straße von Gibraltar. Und bald die
japanische Meerenge zwischen Honshu und Hokkaido.
Das Porträt einer ungewöhnlichen Liaison.

Von Susanne Frömel

Es sind nur noch 300, vielleicht 400 Meter durch seichtes Küstenwasser bis zum Ziel – aber sie sind die Hölle. Nach 400 Metern ist sie für gewöhnlich noch gar nicht richtig warm, ein kurzer Sprint, mehr nicht. Doch jetzt sind die Arme schwer und unbeweglich. Die Brandungswellen treffen hart auf ihren Körper. Am grauen Horizont sieht sie die bunte Außenhaut des Bootes, zu dem sie es irgendwie schaffen muss, Armlänge um Armlänge. Als sie mit der Hand schließlich am farbigen Kunststoff anschlägt, ist sie so erschöpft, dass sie an Bord gezogen werden muss. Und dann, als das Boot mit wippendem Rhythmus die lange Fahrt zur englischen Küste aufnimmt, fängt ihr Körper an, alles zu erbrechen, die Gel-Präparate, die Gummibärchen, das Meerwasser. Vor allem das Meerwasser.

Wenn Margit Bohnhoff gefragt wird, was das Anstrengendste gewesen sei, dann antwortet sie: »Die letzten paar hundert Meter, als alles schon geschafft war.« Nicht das Durchschwimmen des Ärmelkanals. Auch nicht die Mühe, an den steinigen Strand zu krabbeln und sich auf die Füße zu stellen, wie es die Regularien für das erfolgreiche Durchqueren der Meerenge zwischen Frankreich und Großbritannien verlangen. Das Schwerste sei gewesen, danach wieder ins kalte Wasser zu steigen und zu ihrem Begleitboot zu schwimmen, das sie zurück zum Startpunkt auf die andere Seite des Kanals bringen soll, weil die Grenzpolizei den Schwimmern nur ein paar Minuten des Verschnaufens erlaubt. 11:40 Stunden war sie da schon im Wasser gewesen.

Margit Bohnhoff ist jetzt 49 Jahre alt und arbeitet als Verwaltungsfachangestellte im Sozialamt Berlin-Spandau. Extrem-Schwimmerin ist sie nur im Nebenjob. Sie sagt Sätze wie: »Wenn ich ins Wasser springe, fühle ich mich wie zu Hause.« 16 Deutsche haben den Ärmelkanal bislang durchschwommen, sie ist die schnellste Frau. Was treibt die zierliche Person an? »Jedenfalls kein übertriebener Ehrgeiz. Ich will einfach sehen, wie weit ich gehen kann.«

Als Margit Bohnhoff vier Jahre alt war, nahm ihr Vater sie mit ins Schwimmbad, warf sie ins Becken und rief: »Du darfst erst wieder raus, wenn du schwimmen kannst.« Natürlich habe sie einen Gürtel aus Korken getragen, aber dennoch: »Schön war das damals nicht.« Trotzdem ist sie dabei geblieben, weil der Vater die treibende Kraft war. Mit fünf Jahren die ersten Wettkämpfe, bei denen sie immer gut, aber nie ganz vorne dabei war. Ihr größter Erfolg war ein dritter Platz bei den Berliner Stadtmeisterschaften: »Das Becken war so schrecklich limitierend.« Mit 17 oder 18 hört sie auf, ein neuer Lebensabschnitt beginnt, Beruf, Heirat, Kind. Fast zehn Jahre später, ihre Ehe ist längst beendet, die Tochter lebt bei ihr, »hatte ich plötzlich ein starkes Bedürfnis nach etwas Neuem«. Ende der neunziger Jahre nimmt sie das Schwimmen wieder auf. »Das war wie eine Art Erfüllung.« 1999 versucht sie sich zum ersten Mal bei Wettkämpfen im Freiwasserschwimmen. Das offene Wasser ist eine vollkommen andere Erfahrung. Es ist kalt, wild und unberechenbar. Hier geben

nicht Bahnen die Richtung vor, es gibt keinerlei Begrenzung, nicht mal in die Tiefe. Sie kürt zunächst den Straussee – 30 Kilometer östlich von Berlin – zu ihrem bevorzugten Terrain: Er ist im Schnitt zehn Meter tief, knapp vier Kilometer lang und bis zu 600 Meter breit, ist Heimat für Zander, Barsche und Hechte – und bald auch für Margit Bohnhoff. Während sie mit langen Armschlägen das Wasser durchteilt, hämmert das Herz in ihrer Brust nicht nur vor Anstrengung: »Mich hat eine Freude durchflutet, die war einfach unbeschreiblich.« Von da an schwimmt sie immer, immer wieder. Sie schwimmt morgens vor der Arbeit, steigt in Seen, Flüsse und Kanäle. Und nachmittags, wenn sie aus dem Amt kommt, läuft sie eine Stunde. Einmal sagt sie: »In meinem Leben ist am 31. Dezember Abschwimmen und am 1. Januar Anschwimmen – zur Not mit einer Axt« und spielt damit auf eine Eisschicht an, die sie im Winter hindern könnte.

Ihr Vater wirft sie ins kalte Wasser

Eine Schwimmerin wie Margit Bohnhoff, die jeden Morgen schon drei bis fünf Kilometer schwimmt, müsste doch ein breites Kreuz haben – ein Mensch gewordenes »V« wie Charlène von Monaco, das Signal für eine humane Leistungsmaschine! Stattdessen steht man fast verdutzt ihrer Zartheit gegenüber und wundert sich, wie dieser leichte Mensch all diese Schmerzen übersteht. Schmerzen? Extremschwimmen tut doch weh! Oder etwa nicht? Ja, doch, gibt sie zu, darum habe sie vor, jede Extremtour nur einmal zu machen:

Die Freischwimmerin

»Mir vorzustellen, den Ärmelkanal noch mal zu durchschwimmen ... nein, das ginge nicht mehr. Ich weiß ja jetzt schon, was wo wann schmerzen wird.« Margit Bohnhoff wird nachdenklich: »Übrigens sind die Beine nicht das Problem. Es sind die Arme, die wirklich weh tun. Zehn Tage konnte ich mich nach der Ärmelkanalpassage nicht mehr alleine anziehen. Können Sie sich das vorstellen? Eine erwachsene Frau, die sich nicht mal allein die Hosen hochziehen kann!« Sie reibt sich die Oberarme, als könnte sie den Schmerz immer noch spüren.

Das Schwimmen im Meer ist leichter als im Süßwasser. Salzwasser trägt den Körper besser, aber es hat auch Nachteile: Mit der Zeit bilden die Salzkristalle auf der Haut eine scharfkantige Kruste, die alles aufreibt. Vor der Durchquerung des Ärmelkanals hat sich Margit Bohnhoff den ganzen Körper mit einem halben Kilo Lanolin eingeschmiert. Das Fett schützt die Haut und hilft außerdem, während der vielen Stunden im kalten Wasser die Temperatur zu halten.

Es war August, das Wasser hatte etwa 16 Grad Celsius, und vor dem Shakespeare Beach kräuselten sich die Wellen. Hier bei Dover misst der Ärmelkanal an seiner schmalsten Stelle 34 Kilometer bis Cap Gris-Nez, Frankreich. Das Wasser war akzeptabel, hätte aber etwas glatter sein können. Der Bademantel, den sie zu Boden gleiten ließ, trug hinten die Aufschrift »Schwimmen, was sonst«. Nach fünf Kilometern konnte sie manchmal, wenn die Wellenkämme sie nach oben trugen, schon den Leuchtturm auf der französischen Seite sehen. Ihr Freund reichte ihr vom Begleitboot regelmäßig Trinkwasser in einem Korb herunter und Tütchen mit Nahrungs-Gelees. Auch er ein Sportler, ein Triathlet, weil nur ein Sportler den anderen versteht. Frank, »ein absoluter Glücksfall in meinem Leben«, hatte sich genau darüber informiert, was für Tiere unter ihr schwimmen würden, Große Tümmler und Riesenhaie zum Beispiel, und sie hatte ihn gebeten, diese Informationen bis zur Ankunft für sich zu behalten. 800 Meter vor dem Ziel glitt ein Support-Schwimmer zu ihr ins Wasser. »Da wusste ich erst, dass es bald geschafft war. Ich wollte keine Ansagen vom Boot. Und im Wasser verliert man völlig den Sinn für die Realität.« Als sie nach 11:40 Stunden mit und gegen die Gezeiten den Strand von Cap Gris-Nez erreichte, war sie ausgelaugt, aber glücklich: »Ich war sehr, sehr stolz.«

»Wenn ich Projekte angehe, wird jeden Tag geschwommen, auch am Wochenende.« Doch ein paar Tage vor dem Start hört Margit Bohnhoff einfach auf zu schwimmen, versagt sich jeden Kontakt mit dem Wasser. Wenn es dann endlich losgeht, steigt eine Vorfreude auf, so stark, dass sie es kaum erwarten kann.

Das war 2007. Seither hat sie sich neue Ziele gesteckt. Die Straße von Gibraltar zum Beispiel. Die Meerenge zwischen Spanien und Marokko ist deutlich kürzer, nur 15 Kilometer Luftlinie, aber das Wasser ist unruhiger und die Strömungen sind noch stärker. Auf den letzten Kilometern muss der Schwimmer gegen den Sog des Wassers ankämpfen. Nicht wenige werden aufs Meer hinausgetrieben und müssen den Versuch abbrechen.

Ihr Start wird auf irgendwann zwischen dem 23. und dem 30. September 2010 angesetzt. Er ist vom Wetter abhängig, vom Wellengang, den Strömungsverhältnissen. Am 28. September ist der starke Wind abgeflaut, doch er macht das Wasser immer noch unruhig; aber nicht so, dass man es nicht versuchen könnte. Am Leuchtturm von Tarifa, der südlichst gelegenen Stadt des europäischen Festlands, steigt Margit Bohnhoff ins Wasser. Es ist warm, um die 21 Grad Celsius. Vor ihr liegt bereits das große Begleitboot in den Wellen, dem sie folgen wird, weil die Strömung für jeden Schwimmer nahezu unberechenbar ist. Navigationshilfe. Neben ihr wird ein kleines Schlauchboot zu Wasser gelassen, von dem aus sie versorgt werden soll. Später wird sie sagen: »Gut, dass ich nicht wusste, was kommt. Das Wasser war so schwer zu schwimmen, das ist tödlich für jede Kampfmoral.«

Mitten auf dem Meer taucht plötzlich eine Gruppe Grindwale auf. »Da habe ich Frank zugerufen: Die will ich jetzt nicht. Schick sie weg.« Außer wie wild mit den Armen zu rudern, bleibt ihrem Freund nicht viel übrig, doch tatsächlich ändern die Tiere irgendwann ihre Route und tauchen ab. Margit Bohnhoff saugt zuckerhaltiges Gelee aus einer kleinen Tüte, lutscht Gummibären gegen den Salzgeschmack und zieht Armzug für Armzug durch. Zwei Mal muss sie heißen, schwarzen Tee trinken, weil sie plötzlich Kreislaufprobleme bekommt. Die Meerenge ist an ihrer schmalsten Stelle 14 Kilometer breit. Aufgrund der Strömung muss Margit Bohnhoff am Ende 21 Kilometer zurücklegen – und stellt dennoch einen neuen deutschen Rekord auf: 4:33 Stunden.

Eine unglaubliche Leistung, die kaum jemand bemerkt: »In Japan sind Extremschwimmerinnen Nationalheldinnen, und ich bekomme vom Präsidenten meines Schwimmvereins nicht mal einen Blumenstrauß. Das kränkt mich schon. Ist es falsch, sich eine kleine Anerkennung zu erhoffen?« Immerhin wurde 2009 ein Tunnel in Spandau nach Margit Bohnhoff benannt. Die Betonröhre ist 110 Meter lang mit einem Durchmesser von 2,60 Metern. Durch ihn werden Spandauer Haushalte mit Fernwärme versorgt. Das wirkt schon ein wenig ironisch – eine Heizröhre und eine Schwimmerin, die sagt: »Ich mag nicht, wenn das Wasser warm ist. 18 Grad bringen mir gar nichts.«

In Japan wäre sie eine Nationalheldin

Als nächstes plant sie, die Tsugaru-Straße zwischen den japanischen Inseln Honshu und Hokkaido zu bewältigen. 20 Kilometer, davon ein Großteil gegen die Strömung. Margit Bohnhoff lernt seit einiger Zeit Japanisch, aber die Finanzierung des Vorhabens ist schwierig, es finden sich kaum Sponsoren.

Besessenheit ist keine Eigenschaft, mit der man hausieren geht. Man muss sie vorsichtig servieren, mit einem Lächeln. Margit Bohnhoff beherrscht dies: »Ich beginne jetzt mit Triathlon, irgendwie muss ich mich zwischen den Projekten ja fit halten. Bislang mache ich aber nur Mittelstrecke. Ich habe ein wenig Angst davor.« Wegen der Schmerzen? »Aber nicht doch«, lächelt sie, »ich habe Angst, dass ich nicht mehr aufhören kann.«

Die Ärmelkanal-Pioniere

Schon viele Menschen stellten sich der Herausforderung, den Ärmelkanal zu durchschwimmen. In der Neuzeit war es der Engländer Matthew Webb, der die Passage am 24. und 25. August 1875 als erster ohne technische Hilfsmittel durchschwamm. Er benötigte 21:45 Stunden. Der deutschstämmigen US-Amerikanerin Gertrude Ederle (Foto) gelang es am 6. August 1926 in 14:31 Stunden als erster Frau. Erst fünf Männer vor ihr hatten das geschafft – und der schnellste war zwei Stunden langsamer. Ederle hatte 1924 bei den Olympischen Spielen in Paris eine Gold- und zwei Bronzemedaillen gewonnen und wollte unbedingt das Vorurteil widerlegen, dass Frauen so große Distanzen nicht schaffen können. Als sie nach New York heimkehrte, bereiteten zwei Millionen New Yorker der »Queen of the Waves« mit einer Konfettiparade einen rauschenden Empfang.

Nord

amerika

62 **Golden Gate** Bridge
San Francisco, USA

Joseph B. Strauss, Architekt von mehr als 400 Brücken, hatte einen Traum: Eine Brücke sollte die Stadt mit dem Marin County jenseits der Golden Gate – der Meerenge zwischen Pazifik und der Bucht von San Francisco – verbinden. 20 Jahre warb er für seine Idee, 67 Meter Wassertiefe und starke Strömungen sprachen lange Zeit dagegen. Doch am 28. Mai 1937, nach vier Jahren Bauzeit, war es so weit: Präsident Franklin D. Roosevelt gab telegrafisch den Autoverkehr für eine der schönsten Brücken der Welt frei.

85

63 Jaws
Maui, Hawaii

Die Winterstürme zwischen den Aleuten und Japan jagen die Wellen vor sich her, bis sie nach Tausenden von Kilometern vor der Nordküste gegen Riffs und Felsen prallen. Hier türmen sie sich noch einmal schäumend bis zu 20 Meter auf – um dann mit bis zu 48 Kilometern die Stunde donnernd den Surfern entgegenzurollen, deren höchstes Glück eine Monsterwelle ist. Doch dieses Spektakel, das alle Kraft und Kunst der Wellenreiter fordert, dauert nur wenige Tage zwischen Dezember und Februar. Anfängern wie Touristen bleibt es oh-

nehin verborgen: denn die Zufahrt zur Bucht von Jaws ist gesperrt – keine Zuschauer sollen sich und die Profis unnötig in Gefahr bringen. Wer zu einer anderen Jahreszeit kommt, wird enttäuscht sein: kaum Wellen, das Wasser flach wie ein See oder »normal«, mit zwei Meter hohen Wellen im Sommer, im Winter höchstens bis vier. Wegen einer flachen Landbrücke zwischen zwei Bergrücken wird Maui auch The Valley Isle genannt. Wie alle acht Inseln des Archipels ist es Teil eines sich unter Wasser erstreckenden Vulkangebiets und gehört zum Haleakalā, der sich hier 3040 Meter über den Meeresspiegel erhebt. Auf seinem Gipfel befindet sich eins der wichtigsten Observatorien der Welt.

64 Lake Superior
Minnesota, USA

Vom Ufer blickt man in endloses Blau, und doch ist es kein Meer, sondern ein See. Der Lake Superior schaffte sogar einen Eintrag ins Guiness-Buch der Rekorde: Mit seinen 82 100 Quadratkilometern ist er der größte der fünf Großen Seen Nordamerikas, was etwa der Fläche Österreichs entspricht. Er erstreckt sich zu zwei Dritteln über die USA, zu einem über Kanada. Flächenmäßig ist er zudem der größte Süßwassersee der Erde, vom Volumen her rangiert er hinter Baikal- und Tanganjikasee. Französische Forscher des 17. Jahrhunderts nannten ihn aufgrund seiner Lage Oberer See, »lac supérieur«. In diesem Attribut steckt auch die Bedeutung »erhaben« – und vielleicht auch der Respekt vor dem »Großen Wasser« der Indianer. Mit knapp 600 Kilometern ist der See fast eine Tagesreise breit. Beginnen ließe sich ein Trip etwa in Duluth an der Westseite. Die in Minnesota gelegene Stadt ist der umsatzstärkste Binnenhafen der USA, von wo aus Eisenerze, Kohle und Getreide in sieben Tagen über den See und den Sankt-Lorenz-Weg zum 3770 Kilometer entfernten Atlantik geschifft werden. Neben Thunder Bay, das jedoch schon zum kanadischen Ontario gehört, ist Duluth die einzige Großstadt am See.

Knapp 30 Meter vorm steinigen Ufer trotzt seit 1919 eine steinerne Ruine Wind und Wetter. Damals setzte der Unternehmer Harvey Whitney auf einen Bauboom in der Stadt und errichtete im See eine Förderanlage für Kies und Schotter. Die Spekulation ging nicht auf, und drei Jahre später war das Werk verwaist. Da es von der Form her an einen Sarg erinnert, erhielt das bunkerähnliche Gebäude schon bald den Spitznamen »Uncle Harvey's Mausoleum«. Dass es noch nicht abgerissen wurde, mag den Jugendlichen zu verdanken sein, die es als Plattform nutzen, oder den Tauchnovizen, die hier ihre ersten Versuche im Wracktauchen wagen. Doch eigentlich liegen die Hotspots für Taucher im Süden, wo der See zum Schiffsfriedhof wird. Glasbodenboote bringen Touristen hinaus zur Besichtigung der kuriosen Unterwasserwelt – bis zu acht Meter kann man in die Tiefe blicken. Am Ufer geht's hier im Süden ländlich zu, mit hübschen Holzhäusern wie etwa in Bayfield.

Wer sich zur Devil's Island oder den Apostle Islands begibt, lernt noch andere Superlative kennen: meterhohe Wellen, plötzlicher Nebel überm See und eine Kälte, die frösteln macht. Kein Wunder, dass so mancher Kapitän hier schon die Orientierung verloren hat.

65 **Grand** Prismatic Spring
Wyoming, USA

Das tiefblaue Wasser ist 71 Grad Celsius heiß, und die roten und orangefarbenen Ränder des Sommers nehmen im Winter einen dunklen Grünton an. Dieses Farbwunder der mineralreichen Quelle entsteht aus dem Zusammenspiel zahlreicher Mikroorganismen. Von einem »kochenden See von 300 Fuß« berichteten Pelztierhändler, die zu Beginn des 19. Jahrhunderts im Gebiet des westlichen Yellowstone-Nationalparks unterwegs waren. Dabei hatten brodelnde Vulkane schon im Tertiär begonnen, im Herzen der Rocky Mountains ein gewaltiges Naturschauspiel zu schaffen, mit Canyons und Sinterterrassen und über 200 heißen Spring- und Schlammquellen.

66 Everglades-Nationalpark
Florida, USA

Hier lässt sich die Natur für alles etwas länger Zeit. Das gilt für die Everglades ebenso wie für den Alligator, der doppelt so alt werden kann wie andere Krokodilarten. Vielleicht passt er deshalb so gut in dieses behäbige Feuchtgebiet, das die Indianer »Grasfluss« nannten und wo das Wasser für einen Meter Wegstrecke eine geschlagene Stunde braucht.

67 Seven Mile Bridge
Florida, USA

Wie eine Korallenkette reihen sich im Süden Floridas die Inseln der Keys zwischen dem Atlantik und dem Golf von Mexiko auf. Sie sind die sichtbaren Teile eines uralten Korallenriffs, des drittgrößten tropischen Korallenriffs der Welt. Ein ungestörtes Naturidyll – bis zum 2. September 1935. Vor jenem schicksalshaften Tag waren die Inseln der Florida Keys bequem mit der Bahn zu erreichen. Dann kam der Labour-Day-Hurrikan: Ende August hatte er als Sturm auf den Bermudas begonnen und traf nun mit 300 Stundenkilometern auf die Küstenregion. Wirbelte Menschen, Bäume, Dächer und Autos empor und riss einen Zug mit zehn Waggons von den Gleisen, der zur Evakuierung auf die Keys geschickt worden war. Er spülte die Gleise weg wie nichts: Die Trasse der Florida Overseas Railroad, Hauptverkehrsader der Inselwelt, war von einem Moment auf den andern verschwunden. Drei Jahre später wurde der Overseas Highway eröffnet, der über 42 Brücken führt: Die bekannteste ist die Seven Mile Bridge zwischen Vaca Key und Bahia Honda, mit einer Länge von umgerechnet knapp elf Kilometern. Auf 205 Kilometern verbindet der Overseas Highway nun 40 Inseln miteinander und ist, wie einst die Bahn, die einzige Fluchtroute – nur das Vorwarnsystem hat sich verbessert.

68 Acapulco
Bundesstaat Guerrero, Mexico

Oben steht die Gebetssäule zu Ehren der Jungfrau von Guadalupe, der Nationalheiligen Mexikos. Unten schäumt das Meer, auf einer Aussichtsplattform warten die Zuschauer auf die »Todesspringer« von Quebrada – seit Jahrzehnten Hauptattraktion von Acapulco. La Quebrada heißt die schmale, nur etwa vier Meter breite Schlucht, von deren Kante sich die Klippenspringer 35 Meter in die Tiefe stürzen. Da die Kliffküste gespickt ist mit tückischen Vorsprüngen, müssen sie weit nach vorne abspringen, die Körperspannung bis zum Eintauchen halten und dann sofort eine Wende vollziehen, um nicht mit dem Meeresboden zu kollidieren – das Wasser ist nur viereinhalb Meter tief. Und die Clavadistas, die professionellen Springer, werden bis zu 90 Stundenkilometer schnell! Kurz vor dem Eintauchen ballen sie die Hände zu Fäusten, um die Gefahr zu minimieren, sich dabei die Finger zu brechen. Anschließend geht's in der Badehose wieder rauf zur Jungfrau von Guadalupe: Mit bloßen Händen und Füßen erklimmen sie das Kliff – die Clavadistas und Helden von Acapulco.

67

68

69 Mississippi
USA

Mal silbrig-schimmernd, mal erdig-braun schlängelt sich der Mississippi, Vater aller amerikanischen Flüsse, auf fast 4000 Kilometern durchs Land. Unzählige Blues-Songs und Gospelballaden haben den »Ol' Man River« besungen, erzählen Legenden von Sklaven und Baumwollplantagen, von Kämpfen um Freiheit und Unabhängigkeit. Wer den Mythos am eigenen Leib erfahren möchte, bucht eine Fahrt auf dem Steamboat und lauscht den rhythmischen Schlägen des Schaufelrads.

70 Saut-d'Eau
Arrondissement Mirebalais, Haiti

Die rituelle Reinigung im Wasserfall, der in gewaltigen Kaskaden vom Felsen stürzt, gehört zu den Höhepunkten des Pilgerfests: Tausende von Gläubigen stellen sich jedes Jahr Mitte Juli mit Seife, Shampoo und Zahnbürste unter das heilige Nass, um die Erscheinung der Jungfrau vom Mont Carmel vor 150 Jahren zu feiern. Wer darin auch noch seine Kleider wäscht, wird geweihtes Tuch nach Hause tragen.

Die kleine katholische Kirche in dem gleichnamigen Ort, rund 35 Kilometer nördlich von Port-au-Prince, ist in blau und weiß, den Farben der Jungfrau, geschmückt. Am zweiten Feiertag wird sie eine wichtige Rolle spielen, muss sie doch zunächst mit den Göttern des Voodoo-Kultes konkurrieren, die den Pilgern noch immer viel näher sind. Mit den Sklaven aus Westafrika ist Voodoo einst nach Haiti gekommen und trotz Missionierung so gegenwärtig geblieben, dass die Religion anerkannt ist und vielen mit dem Katholizismus vereinbar scheint. Wie die Götter der Antike sind die Geister des Voodoo rachsüchtig oder huldvoll, wollen gerühmt und angebetet werden und greifen in das Leben ihrer Gläubigen ein. Wenn Gesänge und Trommelwirbel die Gläubigen in Trance versetzen, erkennen die Umstehenden an den Bewegungen den Gott, der sich ihnen gerade offenbart.

Die Erscheinung wird der katholische Priester am nächsten Tag in der Kirche rügen, doch die Schwestern und Brüder werden Fotos und kleine Zettel mit Bitten auf dem Altar drapieren: Voodoo ist überall – und man weiß ja nie, auf wen mehr Verlass ist.

71 **Crater** Lake
Oregon, USA

So blau, so tief, so klar das Wasser – ohne einen Zu- oder Abfluss zu haben, hat sich der Kratersee im Vulkan Mount Mazama in Tausenden von Jahren nur aus Regen- und Schmelzwasser gebildet. Den Indianern vom Stamm der Klamath ist er heilig, und 1902 wurde er zum Mittelpunkt eines Nationalparks gemacht.

Süd

amerika

72 Iguazú-Wasserfälle

Brasilien/Argentinien

Die »Vermessung der Welt« macht auch vor den Iguazú-Wasserfällen nicht halt: Auf 2,7 Quadratkilometern zählt man hier 20 große und 255 kleinere Kaskaden. Damit sind sie breiter als die Victoria-, und mit bis zu 82 Metern Gefälle höher als die Niagara Falls. Doch die nackten Zahlen beeindrucken nur wenig im Vergleich zur Erhabenheit und Kraft dieses Naturschauspiels. Schon von Weitem rauscht und rumort es wie bei einem heftigen Beben, beim Näherkommen tut sich eine U-förmige Schlucht auf, in die sich pro Sekunde bis zu 7000 Kubikmeter Wasser ergießen. Über allem schweben Myriaden von Tröpfchen und weben einen zarten Schleier aus den Farben des Regenbogens.

73 Gletscher Perito Moreno

Anden, Argentinien

Welt und Wissenschaft staunen: Der 30 Kilometer lange Gletscher Perito Moreno trotzt der Erderwärmung. Er schmilzt nicht. Er dehnt seine Fläche von rund 250 Quadratkilometern sogar weiter aus. Das alleine wäre schon eine Reise wert, ist aber mit bloßem Auge nicht zu erkennen. Unüberseh- und unüberhörbar ist dagegen das Brechen des Gletschers. Ein Spektakel, das sich alle vier bis zehn Jahre ereignet – zuletzt im März 2012: Gemächlich und unaufhaltsam schiebt sich der Eisberg Tag für Tag etwa einen Meter vorwärts, stößt gegenüber auf einen Hang und blockiert dadurch den Brazo Rico, einen Nebenarm des Lago Argentino. Der Wasserspiegel des Flusses steigt so lange an, bis die Eismassen dem Druck nicht mehr standhalten und mit großem Getöse zusammenbrechen.

74 **Praia** do Sancho
Fernando de Noronha, Brasilien

»Smaragd des Atlantiks« wird der 545 Kilometer nordöstlich von Recife liegende Archipel auch genannt. Mit 21 Inseln und Inselchen breitet er sich vor der brasilianischen Küste aus: Sanfte Wellen, glasklares Wasser, Kolonien von Korallen, Delfine vollführen ihre Sprünge. Praia do Sancho hat gute Chancen auf den Titel: schönster Strand der Welt.

75 Osterinsel
Südostpazifik, Chile

»Land ist wenig, Meer überall«, sagen die Einheimischen über ihre Insel Rapa Nui, die politisch zu Chile, geografisch zu Polynesien gehört. Eine Insel voller Mythen und voller Moai – wie die kolossalen Steinfiguren heißen: Sie sind alle männlich, tonnenschwer und beinlos, mit exakt gearbeiteten Nasen und überlangen Ohren. Aber warum stehen nahezu alle mit dem Rücken zum Meer? Wie gut, dass es noch Rätsel gibt …

76 **Laguna** Colorada
Provinz Potosí, Bolivien

Die Laguna Colorada ist schwer zu erreichen. Beste Voraussetzungen für den Schutz der heimischen Tierwelt. Vor allem Flamingos fühlen sich hier wohl. Das Zartrosa ihres Gefieders ist auf den Verzehr carotinhaltiger Algen zurückzuführen. Diese färben auch die Lagune ein. Ein hübscher Kontrast zum weiß-grauen Faltenrock der Altiplano-Berge.

77 Rio Xingu
Amazonas, Brasilien

Wie lange noch, so die bange Frage, werden die indigenen Völker ihr gewohntes Leben führen können? Der Rio Xingu ist einer der Hauptzuflüsse des Amazonas. Ausgedehnte Sümpfe, zahlreiche Seen und dichter Dschungel prägen sein Quellgebiet.

Indianerstämme wie die Kayapó, die Ikpeng und andere Bewohner des Flussufers wehren sich seit Jahren gegen ein megalomanes Projekt, das ihren Lebensraum zerstört: Mehr als 150 Staudämme sollen in den kommenden Jahren hier entstehen. Auch Forscher schlagen Alarm – die Bauvorhaben gefährden massiv die Umwelt.

Das juristische Tauziehen um den bereits begonnenen Bau des drittgrößten Wasserkraftwerks der Welt nahm im Oktober 2011 eine überraschende Wende. Ein Gericht verfügte den sofortigen Stopp der Arbeiten und folgte damit der Klage eines lokalen Fischzucht- und Exportverbands. Der Jubel der Aktivisten darüber war kurz. Kaum zwei Monate später, im Dezember 2011, wurde das Urteil aufgehoben: Das Konsortium der Investoren hatte Widerspruch eingelegt. »Wir sind ein indigenes Volk des Xingu und wir wollen diesen Staudamm an unserem Fluss nicht. Wir wollen die Fische und die Flora und die Fauna, wir wollen, dass der Fluss sauber ist. Wir wollen Wasser, das uns ernährt und das unseren Durst stillt. Wir halten den Fortschritt des Landes nicht auf. Wir verteidigen unser Recht auf Leben, auf unser Land und unsere Lebensweise.« Der Appell der Ikpeng verhallt – vermutlich ungehört – in den Stromschnellen des Rio Xingu.

78 **Laguna** Miñiques
Antofagasta, Chile

Es sind die Farben eines Vincent van Gogh: Goldgelb leuchtende Gräser, tiefdunkel das Blau der Laguna Miñiques, dahinter der große Bruder und namengebende Vulkan Cerro Miñiques in Erdtönen aus Rost, Rot und Ocker unter einem stahlblauen Himmel. Ganz selten ein taumelnder Tourist, der in 4200 Meter Höhe nach Luft ringt. Die Entdeckung der Einsamkeit.

79 Salto Ángel
Venezuela

Bekannt wurde der Salto Ángel durch den Buschpiloten Jimmie Angel, der den Wasserfall 1933 wiederentdeckte. Für die Indianer, die ihn schon etwas länger kannten, ist es der Kerepakupai Merú – etwa »Sprung des tiefsten Ortes«. Ein passender Name, denn es sind die höchsten Kaskaden weltweit: 979 Meter frei fallendes Wasser.

80 Galápagos-Inseln
Ecuador

Ob Aztekenmöwe, Holzbiene, Mähnenrobbe, Schlanknatter oder die beiden Maskentölpel hier im Bild – der Artenreichtum auf den Galápagos und um die Inseln herum ist unvergleichlich. Die meisten von ihnen kommen nur dort und nirgendwo sonst auf der Welt vor. Grund genug, dieses Weltnaturerbe unter den Schutz der Unesco zu stellen: 2007 wurden die Inseln auf die Rote Liste gesetzt, 2010 wurden sie von der Liste gestrichen. Denn die Maßnahmen im Tourismus sowie die Siedlungsbeschränkungen scheinen zu greifen. Reicht das aus, um eines der letzten Paradiese zu retten?

81 Titicaca-See
Altiplano, Peru/Bolivien

Hineinfallen sollte man besser nicht, denn die Durchschnittstemperatur des Titicaca-Sees beträgt gerade einmal 10 bis 12 Grad Celsius. Doch die Bauern sind dankbar für den See, der ihre Felder bewässert. Gerste, Mais und Kartoffeln werden hier angebaut.

Die große Attraktion jedoch sind die schwimmenden Inseln der Urus. Sie bestehen aus Totora-Schilf, das schicht- und kreuzweise übereinandergelegt wird. Gebaut hat man die Inseln, um sich den Angriffen der Inka zu entziehen. Drohte ein Überfall, lösten die Urus einfach die Verankerung – und die Immobilie wurde zur »Mobilie«. Einfach abhauen und den Feind damit zermürben. So haben sie jahrhundertelang gelebt. Warum also etwas daran ändern?

Die Urus weigern sich strikt, aufs Festland zu ziehen. Als zusätzliche Einnahmequelle haben sie den Tourismus entdeckt. Wer sie besucht, wird zur Kasse gebeten. Das ist ein offener, fairer Handel.

80 81

Bis zum **letzten Tropfen**

Dem Blauen Planeten droht das Wasser auszugehen. 1,2 Milliarden
Menschen leiden unter Wassermangel, und es werden immer mehr.
Der Bedarf war noch nie so groß wie heute, und er wächst schnel-
ler als jemals zuvor. Noch kann der globale Kollaps verhindert wer-
den. Die Zeiten des billigen Wassers sind dann allerdings vorbei.
Genau darin, behaupten Experten, liegt die Chance der Zukunft.

Von Philipp Jarke

Wenn Astrophysiker mit ihren Teleskopen in den Tiefen des Weltalls nach Leben suchen, halten sie vor allem nach einem Ausschau: Wasser. Wir kennen Lebewesen, die gedeihen ohne Licht, manche ohne Sauerstoff, doch ohne Wasser ist Leben, soweit wir wissen, unmöglich. Die Forscher haben noch keinen Planeten im All gefunden, der besser für die Entstehung von Leben geeignet ist als die Erde. Nicht umsonst nennen wir sie den Blauen Planeten – 70 Prozent der Erdoberfläche sind von Wasser bedeckt.

Dennoch wird es allmählich knapp: Schon in 20 Jahren droht der menschliche Bedarf die verfügbaren Ressourcen in vielen Regionen der Erde dramatisch zu überschreiten. Flüsse werden austrocknen, fruchtbare Ackerbaugebiete verdorren, das Grundwasser wird drastisch sinken und versalzen. Das bekommen über die bekannten Wüstengebiete der Sahelzone und des Nahen Ostens hinaus auch bevölkerungsstarke Staaten wie Indien, China und Brasilien zu spüren. Selbst wasserreiche Regionen wie Deutschland werden von der Krise nicht verschont bleiben.

Die Meere stellen mit 97,5 Prozent den größten Wasservorrat der Erde. Ein durchschnittlicher Salzgehalt von 3,5 Prozent macht ihn jedoch für Landwirtschaft, Industrie und Haushalte weitgehend wertlos. Die übrigen 2,5 Prozent sind Süßwasser – könnten wir darauf komplett zugreifen, würden wir buchstäblich im Überfluss leben. Doch mehr als zwei Drittel davon sind zu Eis erstarrt, unzugänglich gebunden in Hochgebirgen – vor allem in Grönland und der Antarktis. Bleibt ein Grundwasseranteil von immerhin 30 Prozent. Flüsse und Seen hingegen haben weniger als ein halbes Prozent. Somit ist nur knapp ein Drittel des weltweiten Süßwassers potenziell nutzbar.

»Das Glas ist schon zu zwei Dritteln leer«, resümiert Wolfram Mauser, Geografieprofessor an der Ludwig-Maximilians-Universität in München und einer der renommiertesten Wasserexperten Deutschlands. »Die Menschheit verbraucht bereits heute rund 67 Prozent aller Weltsüßwasserreserven, die wir haben.« Hinzu kommt, dass die verfügbaren Ressourcen sehr ungleich verteilt sind. Wo besonders viel Regen fällt und riesige Flüsse fließen, wie im Amazonasgebiet oder dem Kongobecken, leben relativ wenige Menschen. In trockenen Gebieten hingegen drängen sie sich oft in Millionenstädten.

Das Glas leert sich, der Durst wächst

»Dadurch stößt unser Wasserverbrauch in immer mehr Gegenden an Grenzen«, analysiert Peter Gleick, Direktor des Pacific Institute, das sich in Oakland, Kalifornien, Fragen des Umweltschutzes widmet. »Viele Regionen sind an dem Punkt angelangt, an dem die Menschen alles Wasser verbrauchen, das sich auf natürliche Weise nachbildet.« Peak Water nennt Gleick diesen Punkt. Flüsse wie der Colorado River in den USA versiegen, ehe sie das Meer erreichen, Gewässer wie der Aralsee trocknen aus, Grundwasserspiegel sinken ins Bodenlose.

Etliche Länder haben Peak Water längst hinter sich: Mexiko zieht jedes Jahr rund ein Viertel mehr Wasser aus Flüssen, Seen und Brunnen als Niederschläge nachliefern können. Das Grundwasser unter der Hauptstadt Mexiko-City wird derart rücksichtslos abgepumpt, dass der Boden nachgibt und Gebäude einsacken.

Mexiko steht mit seinem Raubbau nicht allein da, auch China verbraucht ein Viertel mehr, als sich nachbilden kann. Der Gelbe Fluss erreicht daher nur noch zeitweise das Meer. Indiens Verbrauch übersteigt das erneuerbare Angebot sogar um mehr als die Hälfte.

Zwar konnten die Vereinten Nationen kürzlich verkünden, dass weltweit neun von zehn Menschen sauberes Wasser trinken. Im Umkehrschluss bedeutet dies aber, dass 700 Millionen Menschen verunreinigtes Wasser zu sich nehmen müssen. Mit fatalen Folgen: »Heute sterben mehr Kinder an Krankheiten, die durch unsauberes Wasser übertragen werden, als an Malaria, Aids oder sogar durch Kriege«, empört sich Tony Clarke vom Polaris Institute in Kanada. Nach UNICEF-Schätzungen sind das 3000 Todesfälle pro Tag.

Laut World Water Group, einem Zusammenschluss internationaler Wasserforscher, wird unser Wasserbedarf 2030 das globale Angebot um 30 Prozent übersteigen. Damit ist klar, dass wir den Verbrauch drastisch reduzieren müssen, wenn wir Hungersnöte in nie dagewesenem Ausmaß und gigantische Umweltzerstörungen verhindern wollen.

Virtuelles Wasser

In jedem Produkt steckt Wasser – nämlich so viel, wie zu dessen Herstellung nötig ist. Wasserforscher nennen dies virtuelles Wasser oder Wasserfußabdruck. Hinter einem Kilo Kartoffeln etwa steht ein Verbrauch von 250 Litern Wasser im Schnitt, ein Kilo Weizen setzt sogar 1300 Liter um. Und für ein Kilo Rindfleisch wird genauso viel verbraucht wie für ein iPhone: 16 000 Liter. Der Verbrauch für die Herstellung von Nahrungsmitteln variiert je nach Region und Klima. In Mexiko verbraucht ein Bauer pro Kilo Getreide gut 1050 Liter Wasser, seine Kollegen in den USA kommen mit 850 Litern aus. Mit jedem Kilo Getreide, das Mexiko aus seinem Nachbarland importiert, werden aus globaler Sicht 200 Liter Wasser gespart. Umgekehrt wird häufig eine ganze Menge Wasser verschwendet: Deutsche Tomaten haben einen Wasserfußabdruck von 57 Litern pro Kilo, spanische brauchen 83 Liter und holländische nur 30 Liter Wasser pro Kilo.

70 Prozent des Wasserverbrauchs geht schon heute auf das Konto der Landwirtschaft, um Lebens- und Futtermittel, aber zunehmend auch Biosprit zu produzieren. Im Jahr 2050 müssen etwa zwei Milliarden Menschen zusätzlich ernährt werden. »Wenn wir gleichzeitig bis 2050 den Hunger auf der Welt beenden wollen«, schätzt Wolfram Mauser, »würde sich unser Wasserverbrauch fast verdoppeln müssen.«

Entscheidend für den Bedarf in der Landwirtschaft ist aber nicht nur, wie viel wir essen, sondern auch was. Vegetarische Kost ist relativ wassereffizient: So steckt in einer Kalorie Gemüse ein durchschnittlicher Verbrauch von zwei Litern Wasser – bei Getreide ist es sogar nur ein halber. Fleisch hingegen ist Gift für die Wasserbilanz, vor allem Rindfleisch: Bis das Steak auf unserem Teller landet, sind schon zehn Liter Wasser pro Kalorie verbraucht worden.

Fleischessernationen wie die USA benötigen pro Kopf täglich 5 000 Liter Wasser für ihre Ernährung und damit dreimal mehr als Menschen in ärmeren Ländern, die sich oft überwiegend und notgedrungen vegetarisch ernähren. Doch auch die wachsende Mittelschicht in aufstrebenden Nationen folgt zunehmend dem westlichen Muster. Der Fleischkonsum in China beispielsweise steigt rapide, entsprechend nimmt der Wasserverbrauch zu.

Hoher Fleischkonsum und Futtermittelimporte sind auch der Grund, weshalb die Deutschen mehr Wasser verbrauchen, als in unserem Land zur Verfügung steht. Wasserknappheit ist hierzulande eigentlich unbekannt – die Flüsse sind stets gefüllt, die Wiesen saftig. Rechnet man aber all das Wasser hinzu, das zur Herstellung der importierten Nahrungs- und Futtermittel benötigt wird, liegt unser Verbrauch mehr als doppelt so hoch! »Unseren Lebensstil könnten wir uns mit unseren eigenen Wasserressourcen gar nicht leisten«, weiß Wolfram Mauser.

Gelegentlich wird behauptet, Wasser wäre bald so teuer wie Öl oder gar Gold. Das ist sicher übertrieben. Süßwasser ist eine regionale Ressource, die sich nur mit immensem Aufwand in weit entfernte Gebiete transportieren lässt. Daher gibt es auch keinen Weltmarktpreis für Wasser, der Spekulationen auf vergleichbarem Niveau ermöglichen würde.

Der Konflikt ums nasse Gold

Dennoch betrachten viele Staaten ihre Wasserversorgung als Angelegenheit der nationalen Sicherheit, besonders wenn sie von Flüssen abhängt, die aus anderen Ländern kommen. Ägypten und Israel sind solche Staaten. Ägyptens wichtigste Wasserquelle ist der Nil, in dessen Einzugsgebiet zehn weitere Staaten liegen. Die Ägypter haben den Oberliegern, allen voran Äthiopien, mehrmals mit Krieg gedroht, sollten sie mehr Nilwasser abzweigen, als in einem Vertrag aus koloni-

len Zeiten festgelegt worden war. Bislang hat Ägypten seinen Drohungen noch keine Taten folgen lassen.

Anders Israel, das einen Großteil seines Wassers aus dem Jordan bezieht. Als Syrien Mitte der 1960er-Jahre die Jordanzuflüsse teilweise abzweigen wollte, bombardierte Israel die syrischen Baustellen. Auch die Besetzung der Golanhöhen wird unter anderem mit der Sicherung des Jordanwassers begründet.

Insgesamt jedoch gelten nationale Kriege um das nasse Gold als eher unwahrscheinlich. Als sehr viel brisanter eingeschätzt werden dagegen innerterritoriale Konflikte. Hier ist es in der Vergangenheit schon häufig zu Gewaltausbrüchen gekommen. Die US-Geheimdienste gehen davon aus, dass die Wasserknappheit bereits in zehn Jahren Staaten in Asien, Afrika und im Nahen Osten destabilisieren könnte. Verknüpft mit Armut, sozialen und ethnischen Spannungen sind Bürgerkriege nicht auszuschließen.

Die Zukunft des Blauen Planeten scheint also düster, ist aber keineswegs hoffnungslos. »Die Prognose, wonach sich der Wasserbedarf der Landwirtschaft bis 2050 verdoppelt, gilt ja nur, wenn wir genauso weitermachen wie bisher«, sagt Folkard Asch, Leiter des Fachgebiets Wasserstress-Management an der Uni Hohenheim. »Doch das wird kaum passieren.«

Nach dem Motto »more crop per drop« – mehr Ertrag pro Tropfen – entwickeln Saatguthersteller und Forschungsinstitute dürreresisten-te und wassereffiziente Getreidesorten. Damit könnten trockenheitsbedingte Ernteausfälle reduziert werden.

Vor allem aber bei der Bewässerung lässt sich der Verbrauch erheblich drosseln. Auf den Feldern versickern und verdunsten oft die Hälfte bis drei Viertel des Wassers ungenutzt. »Man muss die Kanäle abdecken und betonieren, damit das Wasser nicht verdunstet und im Sand versickert«, fordert Asch. »In offenen Bewässerungssystemen ließen sich im Schnitt 30 Prozent Wasser einsparen.«

Auch Wolfram Mauser blickt optimistisch in die Zukunft: »Es gibt gigantische Potenziale, die Wassernutzungseffizienz in Entwicklungsländern zu steigern.« Kleinfarmer in Afrika etwa ernteten derzeit im Schnitt eine halbe Tonne Mais pro Hektar. Mit moderneren Produktionsmethoden seien jedoch acht Tonnen möglich, und damit ähnlich hohe Erträge wie in Mitteleuropa und den USA. Und das ohne zusätzlichen Wasserverbrauch. Allerdings müssten die Kleinbauern dabei finanziell und mit Know-how unterstützt werden, Wasser effizienter einzusetzen und ihre Erträge zu steigern.

Von allen Staaten der Welt hat Singapur das Wasserrecycling am weitesten vorangetrieben. Der Stadtstaat verfügt über keine nennenswerten Flüsse und Grundwasservorkommen, daher dienen zwei Drittel des Stadtgebiets als Regenauffanggebiet. Jeder Tropfen, der auf Dächer, Straßen oder Parkplätze fällt, fließt in eins von 17 Reservoiren. So wird immerhin ein Fünftel des Wasserbedarfs der Sieben-Millionen-Metropole gedeckt.

Derzeit importiert Singapur noch 40 Prozent seines Wassers. Knapp ein Drittel jedoch gewinnt es aus seinen eigenen Abwässern. In fünf Aufbereitungsanlagen wird es durch Membrane gepresst, die praktisch alle Schadstoffe und Salze zurückhalten. Das auf diese Weise recycelte Wasser wird zwar hauptsächlich für industrielle Zwecke verwendet, ein Teil davon fließt aber auch in die Regenwasser-Reservoire und wird so ins Trinkwassersystem eingespeist. Komplettiert wird Singapurs Versorgung durch Meerwasserentsalzung: Zwei Anlagen decken derzeit ein Zehntel des Bedarfs, eine dritte ist im Bau.

Was sich jetzt ändern muss

»Wasser ist ein Menschenrecht, keine Frage«, sagt Gleick. Das bedeute aber nicht, dass es kostenlos zur Verfügung stehen sollte. Wasser müsse einen realen Preis haben, der seine Knappheit widerspiegele. Damit es sich auch die ärmsten Teile der Bevölkerung leisten können, braucht es intelligente Tarife. Wie in Südafrika: Jedem Bürger stehen pro Tag 25 Liter kostenlos zu. Jeder weitere Liter kostet Geld. Außerdem erhalten Großverbraucher dort keinen Mengenrabatt, im Gegenteil: Sie zahlen einen Tarifaufschlag, mit dem die Grundversorgung finanziert wird.

Die Zeiten billigen Wassers gehen zu Ende: Das ist keine Tragödie – das ist eine Chance.

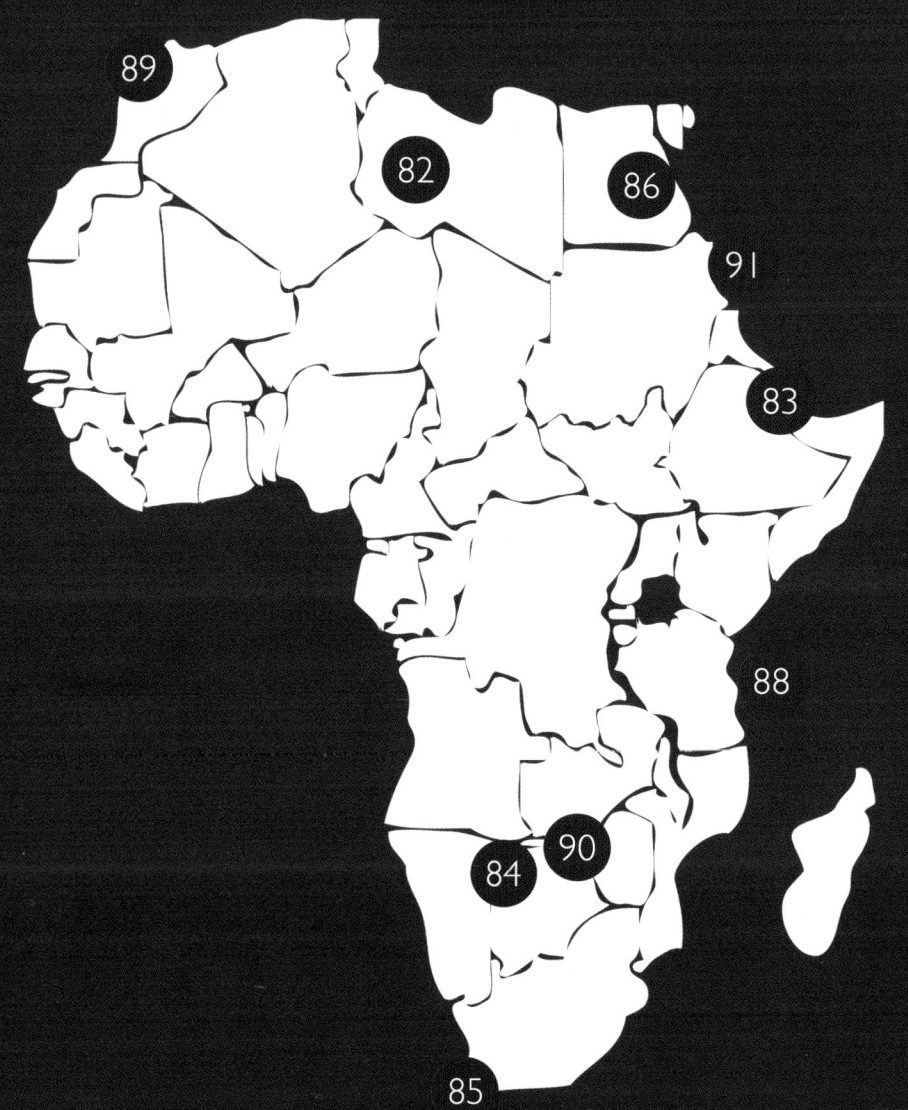

82 Oase Umm al-Maa, Libyen
83 Assalsee, Dschibuti
84 Okavangodelta, Botswana
85 Chapman's Peak Drive, Südafrika
86 Feluken auf dem Nil, Ägypten
87 Anse Source d'Argent, Seychellen
88 Sansibar, Tansania
89 Hassan-II-Moschee in Casablanca, Marokko
90 Victoriafälle, Simbabwe
91 Sha'ab al Su'adi Riff, Sudan

Afrika

82 Oase Umm al-Maa

Mandara-Seen, Libyen

Die Sahara: Von Germa geht es gute drei Stunden im Jeep durch den größten Sandkasten der Welt. Ein wildes Dünenmeer mit steilen Auf- und rasanten Abfahrten durch Treibsand und mehlfeinen Tonmergel, und dann diese Bilderbuch-Szenerie: in der Senke hinter dem Dünenkamm eine von Palmen gesäumten Wasserstelle. Käme jetzt noch eine Kamelkarawane mit vermummten Tuaregs vorbei, wäre es wie in einem Märchen aus Tausendundeiner Nacht. Ihre Tiere würden sie hier tränken, in der »Mutter des Wassers«.

Umm al-Maa gehört zu den Mandara-Seen, einer Oasenkette, in der Wasserstellen kommen und gehen, entstehen und austrocknen – je nach der aktuellen Höhe des Grundwasserspiegels. Dieses Naturschauspiel zählt zu den Highlights einer Reise in den Fezzan, einer Landschaft in der libyschen Sahara von der Größe Frankreichs. Die Seen gehören zur Rebiana-Oase, nördlich der antiken Stadt Garama, dem heutigen Germa.

Die libysche Wüste ist der trockenste Teil der Sahara und Libyen eines der wenigen Länder ohne einen ständig wasserführenden Fluss. Es gibt nur die Wadis: Flussbetten, die sich bei Regen füllen und dann zu reißenden Strömen anwachsen können, in denen auch immer wieder Menschen ertrinken. Doch das sind die Ausnahmen. Hier regnet es selten, und wenn man von kurzen und heftigen Gewittern absieht, dauert es manchmal 25 Jahre, bis wieder Wasser vom Himmel fällt.

Obwohl der Grundwasserspiegel relativ tief liegt, können sich auch in dieser Welt aus Sand und Hitze wie in Umm al-Maa Seen bilden. Vor allem dort, wo das Land unter Meeresniveau liegt. An ihren Ufern wächst Schilf, das Wasser ist salzig und warm. Man kann sogar drin baden, vorausgesetzt es stören nicht die Mückentänze auf der Wasseroberfläche. Schwer vorstellbar, dass diese Landschaft aus Sand, Steinen, Felsen, Vulkankratern und mit Basalt bedeckten Hügeln einmal eine grüne Savannenlandschaft mit Flüssen und Seen gewesen sein soll. Fossilien-übersäte Wadis mit Seeigeln, Schnecken und Muscheln erzählen von Zeiten, die weit zurückliegen, und den jungsteinzeitlichen Felszeichnungen im nahen Akakusgebirge lässt sich entnehmen, dass hier tatsächlich Krokodile, Nashörner und Elefanten lebten.

Das älteste in der Sahara geförderte Wasser ist an die 400 Millionen Jahre alt: Im Jahr 1953 wurden bei Ölbohrungen unterirdische Reservoirs entdeckt, die noch aus der letzten Eiszeit stammen. 1984 begann Muammar al-Gaddafi, das Wasser nach oben pumpen zu lassen und in Pipelines, durch die Busse fahren könnten, an die Küste zu leiten, wo die meisten Menschen des Landes leben. Great-Man-Made-River heißt das ökonomisch und ökologisch umstrittene Projekt.

83 Assalsee
Dschibuti

Am tiefsten Punkt Afrikas, 115 Meter unter dem Meeresspiegel, führt der Assalsee das mit 34,8 Prozent salzigste Wasser der Erde. Die Menschen in dieser schwach besiedelten Region leben von der Salzgewinnung. Vor 10 000 Jahren, sagen Forscher, soll er ein Süßwassersee gewesen sein.

84 Okavangodelta
Botswana

Wenn das Wasser für alle reicht, kommen auch die Elefanten, die Gnus und die Büffel. Dafür ist es von den Popafällen aus vier Monate unterwegs, muss Klippen und Inseln umfließen, bis es das Okavangodelta im Norden von Botswana erreicht. So bleibt das riesige Binnendelta, das einst in einem See endete, das mit 12 000 Quadratkilometern größte Feuchtgebiet Afrikas und Heimat unzähliger Tiere und Pflanzen.

85 Chapman's Peak Drive
Kaphalbinsel, Südafrika

Der tosende Ozean trifft auf zerklüftete Klippen, Gischtfontänen dramatisieren den ohnehin spektakulären Blick auf Felsen, Meer und weiße Sandstrände. Von 1915 bis 1922 wurde die neun Kilometer lange Straße in den Chapman's Peak gehauen – in weichen Sandstein auf hartem Granit. Mit 114 Kurven zwischen Noordhoek und Hout Bay ist der »Chappie« eine absolute Touristenattraktion. Doch Sturm und starke Regenfälle nagten am Sandstein. Seit 2003 halten riesige Fangnetze herabfallendes Gestein zurück. Seitdem ist die Strecke mautpflichtig – aber rund drei Euro sollte es einem wert sein, diedr faszinierende Landschaft zu erleben.

86 Feluken auf dem Nil
Ägypten

Der Wind strafft das Segel des Einmasters. Weder Ruder noch Motor stören die Stille, in der die Feluke träge mit dem Nil durch den Tag gleitet. Sanft schaukelnd träumen die Passagiere unterm Sonnendach, während Wasserbüffel gleichmütig vorüberziehen und Kinder vor Lehmziegelhäusern unter Dattelpalmen spielen. Grüne Ufer folgen hellen Sanddünen, bis der Sonnengott Re seine goldene Scheibe sinken lässt und auf seiner Nachtbarke zurück in die Unterwelt gleitet.

Der Nil ist die Lebensader Ägyptens, und Schiffe waren früher das wichtigste Verkehrsmittel auf dem mit 6671 Kilometern längsten Strom Afrikas – von dem seine frühen Anrainer annahmen, er entspringe einem Ur-Ozean. Der Nil teilt die Wüsten, und schon auf ältesten Zeichnungen sind Nachen aus Papyrusschilf zu sehen. Die Feluke ist seit Jahrhunderten das traditionelle Handelsschiff auf dem Nil und wurde früher auch als Piraten- und Kriegsschiff eingesetzt.

87 **Anse** Source d'Argent
La Digue, Seychellen

Ein Strand wie Vogelsand so fein, Korallenriffe rundum und Granitfelsen,
die wohl vom Urkontinent Gondwana blieben, als Südamerika, Afrika,
Antarktis, Australien, Madagaskar und Indien vor 200 Millionen Jahren
begannen, auseinanderzubrechen. Unvorstellbar – damals
waren noch nicht einmal die Alpen gefaltet!

88 Sansibar

Tansania

Wenn morgens der Muezzin zum Gebet ruft, die Fischer mit ihrem Fang in den Hafen von Sansibar einlaufen und die Tropeninseln mit den weißen Sandstränden, Korallenriffen und Palmen zum Leben erwachen, kommt einem die Welt vor der Ostküste Afrikas paradiesisch vor. Sie lockt mit tausend Düften exotischer Gewürze, einer Überfülle tropischer Früchte und den bunten Kleidern einer freundlichen, multikulturellen Bevölkerung. Dhows, die traditionellen Segelboote, bringen die Gäste zu entlegenen Orten, zum Tauchen oder Angeln.

Das Meer, das den Archipel umspült, hat seit jeher Fremde angelockt. Und alle haben ihre Spuren hinterlassen, Araber und Perser, Portugiesen, Inder und Engländer. Sie kamen als Händler, Eroberer, Sklavenjäger und Missionare. Ein historischer Wermutstropfen ist die Vertreibung vieler Araber und Inder nach der Unabhängigkeit 1963. Heute ist Sansibar ein halbautonomer Bundestaat Tansanias. Und im alten Hafen von Stone Town, dem historischen Kern von Sansibar Stadt, sind die Zeugen seiner Geschichte einträchtig versammelt: afrikanische Märkte, Kolonialbauten und Handelshäuser, osmanisches Fort, Moscheen, Kirchen und Hindu-Tempel. Die neuen Eroberer kommen mit Bauplänen für Hotels und Lodges mit Reetdach und Spa, und mancher Hotelbesitzer rät zum Sonnenbad am Pool im Islam-geprägten Land. Der berühmteste Sohn der Insel, Farrokh Bulsara, ist als Freddie Mercury und Sänger der Band Queen bekannt geworden. Seine Songs tönen aus allen Lautsprechern der Bars. Er selbst musste als Sohn parsischer Eltern vor den nationalistischen Rebellen fliehen. Als Ikone der Schwulenbewegung ist er hier nach wie vor umstritten, rührt dies doch ebenso wie sein Aids-Tod an zwei absolute Tabus.

89 Hassan-II-Moschee
Casablanca, Marokko

Weltoffen zum Meer wie zum Himmel – das Dach lässt sich automatisch öffnen – präsentiert sich eine der größten Moscheen der Welt. Das Geburtstagsgeschenk für König Hassan II. ist das einzige muslimische Gotteshaus, das auch Nicht-Gläubige besuchen dürfen. Der Angler glaubt auf jeden Fall, dass der eine oder andere Fisch an diesem Tag Pech haben wird.

90 Victoriafälle
Simbabwe

»Donnernder Rauch« nennen die Einheimischen den mit 1708 Metern breitesten Wasservorhang der Erde, mit dem sich der Sambesi in die Tiefe stürzt. Er ist so gewaltig, dass er den Missionar David Livingstone 1855 von der Christianisierung des südlichen Afrikas abhielt.

91 | Sha'ab al Su'adi Riff

Rotes Meer, Sudan

Tischkorallen wie Blumensträuße, in allen Größen und Farben, Tigerhaie und Makrelenschwärme, und immer wieder Mantas und Zackenbarsche – der Tauchschein ist die Eintrittskarte in eine fremde Welt. Für manche eines der letzten Abenteuer der Menschheit: Einmal im Leben Hammerhaie vor die Brille kriegen, die es im ägyptischen Teil des Roten Meeres schon nicht mehr gibt. Zu erleben, wie die Tierwelt einem ohne Scheu begegnet.

Das ist wahres Unterwasserglück und den Tauch-Aficionados viel Zeit, Mut und Geld wert. Das braucht man auch für die Reise zu den sudanesischen Hochseeriffen. Selten sind Korallen so gut erhalten und so wenig besucht wie hier vor der Küste eines armen, politisch gebeutelten Landes. Vor Port Sudan geht der erste Tauchgang meist zum berühmten Wrack der »Umbria«: Das Kriegsschiff der italienischen Marine sank hier im Juni 1940. Die

unterschiedlichen Lebensformen, die sich an dem Wrack entwickelten, wurden schon von dem berühmten Pionier der Meeresforschung Hans Hass dokumentiert und sind auch heute noch eine Attraktion. In Schönheit rostet am Nordende des sieben Seemeilen langen Riffkomplexes Sha'ab al Su'adi aber auch das Wrack der »Blue Belt«, die 1977 gesunken ist – mitsamt den fabrikneuen Toyotas, mit denen das Frachtschiff beladen war.

Der **Flussflüsterer**

Nach der Vier-Elemente-Lehre des Empedokles ist Wasser
sanft, nachgiebig und weich. Wasser ist lebensnotwendig.
Einerseits. Wasser ist lebensgefährlich. Andererseits. Flüsse
treten über, Tsunamis wälzen ganze Landstriche platt. Ein
Mann aus der Steiermark begegnet dem Phänomen mit
naturnahen und nachhaltigen Ideen: Otmar Grober, der
Flussflüsterer.

Von Axel Nowak

Wenn Otmar Grober über sein Lieblingsthema spricht, funkeln die flachsblauen Augen und seine Hände dirigieren ein unsichtbares Orchester. Er erzählt über das Wesen des Wassers, über dessen Gedächtnis, über Spiralen im Fluss und über Verwirbelungen. Otmar Grober sprudelt wie eine Quelle. Doch wenn existentielle Dinge angesprochen werden, kehrt Ruhe ein und er formuliert mit stoischer Gelassenheit Sätze wie: »Entscheide dich nie gegen das Wasser, denn du bist es selbst!« Ja, es hat etwas Pastorales, wenn der Mann mit dem Schnauzbart und dem silbernen Haar über das Element seines Lebens spricht. Und das tut er sinnigerweise in Allerheiligen, einem nicht einmal 2000 Seelen zählenden Kaff in der Steiermark. Aber warum Kaff? Das klingt abschätzig und Otmar Grober würde sagen »Ja, vielleicht hast du recht, aber mir gefällt's hier«.

Grober duzt nicht jeden sofort, aber er erkennt auf den ersten Blick, ob er seinem Gegenüber das Du anbietet: »Wir schauen uns in die Augen und dann ist klar, ob wir miteinander können oder nicht.« 1946 wurde er hier, im Mürztal, geboren und hat sich nach jahrelanger Wanderschaft bewusst wieder für diesen Ort entschieden. »Meine Kinder sollten eine Heimat haben, einen Platz, an dem sie aufwachsen, mit dem sie sich identifizieren können.« Dafür gab er seinen Posten als Umwelttechniker in einem Unternehmen auf, das europaweit Müllverbrennungsanlagen errichtete. Er arbeitet in Italien, in den Niederlanden, in Bremerhaven. Mit etwa 30 Jahren bewirbt sich der gelernte Schlosser beim

Land Steiermark und bekommt den Posten eines Wassermeisters in der Baubezirksleitung Bruck an der Mur. Der ideale Lebenslauf für eine Person, die den Hochwasserschutz mit zu verantworten hat, sieht wohl anders aus: kein Studium, kein »Dipl-Ing.«, dafür aber große Nähe zur Natur und Liebe zur Heimat.

Auf der Terrasse bedient sich Grober aus einer Karaffe mit Tafelwasser. Der Boden ist mit bunten Steinen ausgelegt.

Kein Dipl.-Ing., aber Nähe zur Natur

Sie sollen das Getränk revitalisieren. Hinter seinem Haus fliegt plötzlich ein Weißstorch mit Beute im Schnabel vorbei. »Kann man auch im Internet verfolgen: storch-muerzhofen.at«, deutet Otmar Grober dem großen Vogel hinterher. Wäre ein wahres Idyll, dieses Allerheiligen, wenn nicht diese Bahntrasse durch den Ort führte. Alle zehn oder zwanzig Minuten rauscht ein Zug am Haus des Ehepaars Grober vorbei, der sich nicht immer die Mühe macht, anzuhalten und Passagiere aufzunehmen.

Lilo Grober stellt einen Teller mit duftenden Köstlichkeiten auf den Tisch: Marillenknödel mit frisch geernteten Früchten aus der Wachau. Der Teig wird aus Kartoffeln, etwas Mehl, Eigelb, Salz und Butter hergestellt. Die Marillen sind entkernt und mit Zucker gefüllt, die Knödel ziehen so lange in Salzwasser, bis sie an die Oberfläche steigen. Nun nur noch in Butterbrösel wälzen, mit Puderzucker bestreuen und noch warm genießen. Unwider-

stehlich! Das Rezept gibt sie gleich mit. Es ist in schöner Handschrift auf einem Blatt der Landentwicklung Steiermark geschrieben und trägt das Wappen der steiermärkischen Landesregierung.

2001 verlieh das Bundesland dem Wassermeister den Umweltpreis für seine Maßnahmen zur Erhaltung und Revitalisierung von Flüssen in den drei Bezirken seines Wirkens. Die Bezeichnung »Wassermeister« oder »Wasserbaumeister« mag er gar nicht: »Wasser kann man nicht meistern«, schüttelt er den Kopf, »wir müssen die Natur kapieren, kopieren und mit ihr kooperieren.« Diesen Weg hat er beschritten, als der Umwelttechniker seine Beamtenlaufbahn begann und sprichwörtlich ins kalte Wasser geworfen wurde. Grober beobachtete die Flüsse und ihre Verläufe. Er studierte die Pflanzen am Uferrand und notierte, was natürliche Hindernisse bewirken können.

Im Fernsehen wurde er einmal mit dem Satz zitiert: »Ich möchte mit dem Wasser so umgehen wie mit einer schönen Frau.« Der Satz sei aus dem Zusammenhang gerissen, protestiert der Wassermeister, dabei passt er wie angegossen.

Wasser hat ein Gedächtnis

Wasser ist für ihn viel mehr als ein Element aus drei Atomen, das weder riecht noch schmeckt, noch eine Farbe besitzt. Wasser nimmt fast alle Stoffe auf, mit denen es in Berührung kommt. Wissenschaftler sagen, es sei ein einzigartiges Lösungsmittel, Grober sagt es sei »ein Informationsträger«, es habe deshalb im übertragenen Sinne ein »Gedächtnis«.

Der Natur abgeschaut

Schiltach, der Firmensitz von Hansgrohe, liegt mitten im Schwarzwald. Bäche und kleine Flüsse gibt es hier viele. Nicht von ungefähr pflegt das Unternehmen eine ganz besondere Beziehung zum Wasser. Und nimmt sich dabei auch die Natur zum Vorbild, etwa das Zusammenspiel von Wasser und Luft in den Stromschnellen der hiesigen Gewässer. Denn das mit Luft angereicherte Wasser ist von besonderer Qualität, wie die Strahlforscher von Hansgrohe erkannten. Es ist weicher, hat mehr Volumen und haftet besser auf der Haut – so wie ein warmer, sanfter Sommerregen.

Sie übersetzten das Prinzip aus der Natur in Brausen. Diese neue Generation von Duschen nutzt im Übrigen das Wasser auch noch effizienter. Und es ist weniger Energie nötig, weil es weniger Wasser zu erwärmen gilt. Dafür ist der Duschspaß enorm. Davon kann man sich auch selbst überzeugen und im wahrscheinlich größten Badezimmer Deutschlands, der Showerworld in der Hansgrohe Aquademie, verschiedene Brausen testen. Für viele ein magischer Wasser-Ort! Hansgrohe Aquademie: www.aquademie.de, www.hansgrohe.de

Wasser hat zig Eigenschaften, durch die es sich anders verhält als andere Elemente des Periodensystems: Es ist der einzige Stoff, der in drei Aggregatszuständen vorkommt. Es ist der einzige Stoff, der leichter wird, wenn er gefriert, auch wenn zugleich das Volumen zunimmt. Es kann sehr viel Energie speichern und hat die höchste Wärmekapazität aller Flüssigkeiten. Vor allem kann Wasser Kräfte entwickeln, die desaströse Folgen haben.

Deshalb hat Otmar Grober alternative und nachhaltige Wasserschutzmaßnahmen entwickelt, die den Flüssen ihren natürlichen Raum geben, auch wenn es mal ein paar Tage länger regnet. Vorbild dabei ist ihm sein Landsmann, der Förster und Naturforscher Viktor Schauberger (1885–1958), dessen Erkenntnisse und Lehrsätze nichts an Aktualität eingebüßt haben. Vor allem sein Lehrsatz »Man reguliert einen Wasserlauf nie von seinen Ufern aus, sondern von innen her, vom fließendem Medium selbst« gilt Grober als unumstößliches Prinzip. 1995 richtete ein Hochwasser der Salza und ihrer Nebenbäche große Schäden in der Steiermark an. Danach leitete Grober an verschiedenen Stellen der Salza die Wassermassen mit einer sogenannten Nautilusschnecke von den gefährdeten Uferpartien in die Flussmitte. Zwei Jahre später, 1997, hielten bei einem noch dramatischeren Hochwasser all jene Stellen den Fluten stand, an denen Grober Bäche und Flussabschnitte nach der Methode Schaubergers umgebaut hatte.

Seither hat er schon viele Nautilusschnecken installiert. Diese aus Steinen aufgebaute For-

mation ermöglicht dem Wasser einen großen vertikalen Wirbel auszubilden und auf diese Weise die Fließenergie von außen nach innen zu lenken. Die Rotationen haben auch noch andere Auswirkungen. Otmar Grober erklärt: »In den Wirbeln wird das Wasser abgekühlt und verdichtet sich. Dadurch steigt die Oberflächenspannung und das Potenzial der Gewässer wird deutlich angehoben, die Qualität verbessert sich.« Die Wirbelbewegung beschleunigt auch die natürliche Selbstreinigung des Wassers. Wirbel besitzen die Eigenschaft, Schmutzpartikel aus dem Wasser abzusaugen und viel Energie einbinden zu können. Die Rotationen vermögen so beispielsweise Kalk auszufällen: Könnte der Strahl auch in den Wasserleitungen unserer Haushalte wirbeln, würde der Kalkanteil darin ebenfalls sinken.

Das Wohnzimmer der Grobers wirkt niedrig. Das mag an der holzvertäfelten Decke liegen. Im hinteren Teil steht ein Flügel, die Sitzbank scheint nicht oft benutzt zu werden, sie muss gerade nur einen Stapel Akten tragen. Bücher wie »Der Biogarten«, »Harenberg Chormusikführer: Vom Kammerchor bis zum Oratorium« oder »Süßwasserfische« füllen das Bücherbord. Ein Licht geht an: Das bislang unscheinbare Aquarium wird beleuchtet. Otmar Grober experimentiert mit Algenwuchs: Die wachstumsfördernde Kunstlichtlampe schaltet sich um 8 Uhr ein und um 12.30 Uhr aus. Nachmittags um 16 Uhr geht sie erneut an, fünf Stunden später wieder aus, damit die Pflanzen nicht zu sehr wuchern. Der Blaue Neon, ein kleiner Zierfisch mit einem leuchtenden Streifen am

Rumpf, benötigt viel Raum zum Schwimmen und Pflanzen, die das Licht leicht dämmen. Sie sollten dicht sein, um auch als Schutzraum zu dienen. Aber so ganz gelingt es nicht: Die grünen Algen sind abgestorben und besonders ästhetisch wirken sie nicht mehr.

Beim privaten Aquarium scheint der Hausherr nicht dasselbe Händchen zu haben wie in der freien Natur.

Grober erkennt den Fluss am Klang

Dort gelang es ihm mit natürlichen Buhnen – dammähnlichen Gebilden – und Pendelrampen, die Wasserqualität zu verbessern. Die Pendelrampe ist eine aus Steinen gebildete Treppe im Fluss, die ein starkes Gefälle zu bremsen vermag. Die Stufen sind gegeneinander versetzt, damit das Wasser Wirbel bilden kann – wie in einer Spirale – und so nicht an die Ufer drängt. Ein überraschender und wunderbarer Nebeneffekt: Die Treppe ermöglicht Fischen, stromaufwärts zu schwimmen. Die Fischpopulation in den Flüssen der Steiermark hat sich durch diese Methoden signifikant erhöht.

Mittlerweile ist Otmar Grober in Pension, sozusagen Wasserbaumeister i. R. Er war mehr als 30 Jahre in den Wäldern und an den Flüssen der Steiermark unterwegs. Selbstverständlich gab es auch die ungeliebten Stunden im Büro, in denen Formulare ausgefüllt, Berichte verfasst oder Besprechungen gehalten werden mussten.

Doch die meiste Zeit beobachtete Otmar Grober die Natur und dirigierte Baggerführer, damit diese die Steine exakt platzierten. Zu seiner aktiven Zeit traute er sich zu, jeden Fluss in seinem Einflussbereich an seinem Klang erkennen zu können – und zwar auf den tausendsten Meter genau! »Wetten, dass ...«-Zuschauer hätten an ihm sicher ihre Freude gehabt.

Otmar Grober, der Wassermeister i. R., hat wenig Zeit, weil er in Schulen Projekte zum Thema Wasser begleitet und weil er auf Veranstaltungen spricht. Und weil da noch die Wasserschutzmaßnahme bei Wien ansteht, bei der er seine Erfahrungen einbringt. Wie sagte sein früherer Vorgesetzter: Das »i. R.« im Titel steht für »in Rotation«. Otmar Grober, der Wassermeister, wirbelt weiter.

Förster und Naturforscher

Viktor Schauberger (1885–1958) wurde als achtes von zwölf Kindern in Holzschlag, Österreich, geboren. Nach der Mittelschule lebte er ein Jahr allein im Wald. Im Jahr 1904 bestand er das Förster-Examen. Die Natur machte Schauberger zum staunenden Beobachter und Forscher: Wie konnte eine Forelle in einem wilden Gebirgsbach ruhig stehen? Und welche Kräfte machten sich die Holzflößer auf ihren Transporten zunutze? Er gelangte zu der Überzeugung, dass die Natur Energien zur Verfügung habe, von denen wir nichts wissen. Diese Energien gälte es zu isolieren und in konzentrischen Wasserwirbeln nutzbar zu machen. Otmar Grober setzt bei seinen Schutzmaßnahmen gegen Hochwasser die Ideen Viktor Schaubergers um.

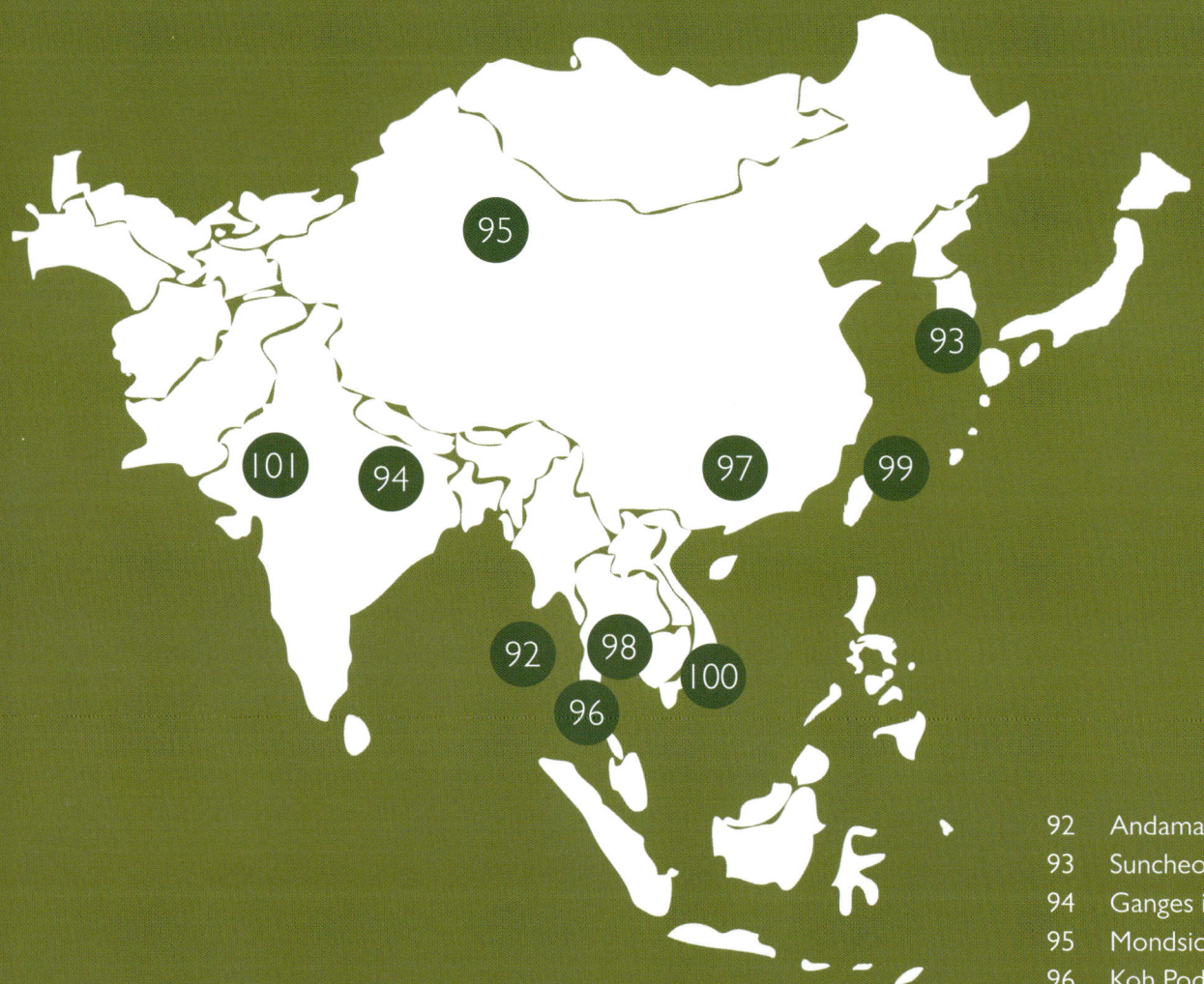

Asien

92 Andamanen-Inseln

Golf von Bengalen, Indien

Das glückliche Ende eines modernen Märchens: Rajan, letzter schwimmender Elefant der Andamanen, entsteigt dem poolblauen Wasser des Indischen Ozeans. Auf seinen Schultern reitet Nazrool, sein Mahout, der ihn pflegt und füttert. Eine gute Beziehung zwischen einem Elefanten und seinem Pfleger basiert auf Vertrauen und Zuneigung und dauert meist ein Leben lang.

In den 1970er-Jahren wurde Rajan als Jungtier auf den Andamanen angesiedelt. Rund 200 Arbeitstiere lebten damals auf der indischen Inselgruppe, die vor Burma und Thailand im Golf von Bengalen liegt. Mehr als 30 Jahre lang schleppte Rajan gefällte Tropenholzbäume aus dem Regenwald. Einige Tiere wurden zum Schwimmen abgerichtet, damit sie Einsatzorte auf den Nachbarinseln problemlos erreichen konnten. 2002 verbot die indische Regierung den Holzabbau aus Gründen des Umweltschutzes. Viele der Dickhäuter wurden zurück aufs indische Festland verschifft, wo sie, bemalt und geschmückt, der Höhepunkt eines jeden Tempelfestes sind – schließlich verkörpern sie auch Ganesh, den glücksbringenden Elefantengott, der alle Hindernisse aus dem Weg räumt.

Rajan blieb als einziger mit seinem Mahout auf den Andamanen zurück, weil sein wohlhabender Besitzer es nicht eilig hatte, ihn zu verkaufen. Im Oktober 2004 wurde er für Dreharbeiten zu einem Film nach Havelock Island verfrachtet, wo er sich's fortan am Beach No. 7 gutgehen ließ. Dösend und grasend verbrachte er seine Tage – nur einmal die Woche trottete er mit Nazrool ans Meer, um ein wenig zu schwimmen und zu tauchen. Bald wurde er zur Attraktion der wenigen Touristen und zum inoffiziellen Maskottchen der Tropeninsel.

Im Jahr 2008 jedoch bot ein Tempel in Kerala 60 000 US-Dollar für Rajan, woraufhin die Eigentümer der Bungalowanlage von Strand No. 7 Spendenaufrufe starteten und sogar einen Kredit aufnahmen, um Rajan auszulösen. Mit Erfolg: Seitdem können Touristen und Fotografen gegen ein Entgelt mit ihm schwimmen und zu dem glücklichen Ende dieser Geschichte beitragen, in der ein bald sechzigjähriger Sechstonner mit Mahout Nazrool auf den Schultern weiterhin den Fluten des indischen Ozeans entsteigen kann.

93 **Suncheonman**-Bucht
Provinz Jeollanam-do, Südkorea

Wogendes Schilf säumt geschwungene Wasserstraßen, die in ein Wattenmeer münden oder sich durch Salzmarschen und an Bergen entlangschlängeln. In endloser Weite breitet sich hier die Marschenlandschaft aus, als wolle sie ihrem Namen »Suncheon« alle Ehre machen und »der reinen Logik des Himmels folgen«. Das Küstenmoor der Suncheonman-Bucht gehört zum Umweltschutzprogramm der Vereinten Nationen und wurde 2006 in die internationale Ramsar-Liste als eins der fünf größten Feuchtgebiete der Erde aufgenommen. Mit seinen Sümpfen und riesigen Schilfkolonien ist das Biotop zugleich ein idealer Lebensraum für seltene Wasser- und Wattvögel und ein beliebter Zwischenstopp für Zugvögel.

94 Ganges
Varanasi, Indien

Vom Boot aus lässt sich das bunte Treiben am Ufer des Ganges am besten beobachten. Shiva, mächtige Schöpfergottheit der Hindus, bändigte den heiligen Strom einst mit seinem Haar. Wo er badete, entstand Varanasi, »die Stadt des Lichts«. Viele Gläubige tun es ihm gleich, um sich von allen Sünden zu reinigen. Oder wollen, dass hier ihre Asche im Fluss verstreut wird.

95 96

97

95 Mondsichel-see
Provinz Gansu, China

Wie eine Fata Morgana liegt er am Fuß der gewaltigen Wanderdünen bei Dunhuang: ein halbmondförmiger See, umgeben von grüner Vegetation und einigen wenigen Gebäuden. Karawanen, die früher auf der Seidenstraße reisten, nutzten die Oase als willkommenen Rastplatz. Zahllose Legenden ranken sich um die unterirdische Quelle und »die Berge des singenden Sandes«. Von ihnen berichtete schon Marco Polo, als er 1271 auf dem alten Handelsweg China durchquerte. Das Geheimnis um die Musik, die er zu hören glaubte, ist inzwischen gelüftet: Beim Abrutschen und Aneinanderreiben grober, trockener Sandkörner können tatsächlich laute Brummtöne entstehen. Mit den Karawanen kamen auch neue Religionen in das alte Handelszentrum Dunhuang, und es waren buddhistische Mönche und Gläubige, die in Mogao, westlich des Mondsichelsees, über 1000 Grotten in die Felsen schlugen. Dort sind alte, gut erhaltene Wandmalereien, Buddha-Statuen und seltene Handschriften zu bewundern.

96 Koh Poda
Provinz Krabi, Thailand

Ein gewaltiger Kalksteinfelsen ragt ehrfurchtgebietend aus dem türkisfarbenen Wasser. Mit bunten Bändern geschmückte Holzboote liegen an dem feinsandigen Strand der kleinen Insel Koh Poda in Südthailand. Es ist ein Ort, der die Zeit vergessen lässt, ein Paradies, um sich in weißem Sand zu aalen, zu schnorcheln, zu tauchen und im mildwarmen Wasser farbenprächtige tropische Fische und andere Seegeschöpfe zu entdecken. Die Insel bietet drei dieser Traumstrände, zu denen Wassertaxis aus der acht Kilometer entfernten Stadt Ao Nang auf der Halbinsel Laem Phra Nang – auch Rai Leh genannt –, übersetzen. Gästen steht bis dato nur ein Resort für Übernachtungen zur Verfügung. Koh Poda bildet mit den Schwesterinseln Koh Kai, Koh Mo und Koh Tap die Poda-Gruppe. Das kleine Archipel ist bequem in einer Tagestour zu entdecken, und wenn der Wasserspiegel sinkt, verbindet eine weiße Sandbank drei der Inseln.

97 Li Jiang
Autonome Region Guangxi, China

In orangefarbenes Abendlicht getaucht, fließt der Li Jiang gemächlich an bewaldeten Erhebungen vorbei. Bei Tage gleicht er eher einem »seidenen grünen Band« mit »seinen Hügeln, wie Haarnadeln aus Jade«. Der gelehrte Han Yu rühmte bereits Ende des 8. Jahrhunderts die Schönheit dieser Stromlandschaft mit ihren zahlreichen Seitenarmen und Nebenflüssen, umgeben von kegelförmigen, grünen Karstbergen. Vier Stunden dauert eine Bootsfahrt von Guilin, der »Stadt des Duftblütenwalds« im Süden Chinas, bis ins 50 Kilometer entfernte Yangshuo. Sie gleicht der Reise durch eine Bilderbuchidylle. Am Ufer liegen kleine traditionelle Dörfer, Bambuswälder und Reisfelder. Friedlich grasen Wasserbüffel, und Fischer gehen in ihren Holzflößen mit abgerichteten Kormoranen auf Fang. Die Hügel entlang des Li Jiangs tragen poetische Namen wie der Fubo, der »die Wellen besänftigt«, mit der »Höhle der zurückgegebenen Perle«, in der alte, in Stein gehauene Buddhastatuen zu sehen sind. Und selbstverständlich gleicht der Elefantenrüsselberg einem trinkenden Dickhäuter. Bis in die Nacht können Besucher im Land der Phantasie verweilen. Dann wird eine große Fläche der Flusslandschaft bei Yangshuo illuminiert und zur Kulisse für die »Dritte Schwester Liu«, einem Musikspektakel mit Hunderten von Mitwirkenden.

98 Floating Market
Damnoen Saduak, Provinz Ratchaburi, Zentral-Thailand

Eine Marktfrau mit dem typischen Hut aus Reisstroh bahnt sich in einem schmalen Holzboot geschickt den Weg durch die engen Kanäle des Floating Market, um ihre Waren zu verkaufen. Lebhaft geht es auf dem Wasser zu, wo in den schwimmenden Läden von Damnoen Saduak, rund 100 Kilometer westlich von Bangkok, ein buntes Potpourri aus Früchten, Gemüse, Fisch, kleinen Mahlzeiten und vielem mehr angeboten wird.

99 **Yehliu** Geopark
Wanli, Taiwan

Stetig nagen die Wellen des Meeres, peitschen die Winde, erodieren die Böden. Über Jahrtausende hinweg formten diese Kräfte bizarre Meeresskulpturen aus Fels und Stein. Die »Kunstwerke« der Naturgewalten im Yehliu-Geopark erinnern an riesige Pilze und wahllos gelegte Eier. Die sanft abfallende Küste im Norden Taiwans scheint übersät mit solchen die Fantasie beflügelnden Findlingen.

100 Pongour Falls
Provinz Lam Dong, Süd-Vietnam

Mit feiner Gischt stürzt das Wasser des Pongour Wasserfalls, 50 Kilometer südlich von Da Lat, über eine Reihe von Felsstufen in die Tiefe. Das gleichmäßige Rauschen beruhigt, entspannt und vertieft die Meditation – ein vollendeter Andachtsort für buddhistische Mönche, an dem sie sich in ihre Gebete und kontemplativen Gesänge vertiefen.

101 Taj Lake Palace
Udaipur, Indien

Malerisch und wie eine schwimmende Stadt ruht der weiße Marmorpalast auf dem stillen blauen Wasser des Pichola-Sees in Udaipur. 1746 errichtete der Maharana Jagat Singh II seine Sommerresidenz Jag Niwas, die heute als Luxushotel Taj Lake Palace bekannt ist. Die romantische Wasserfestung liegt auf einer Insel mitten in dem künstlich angelegten Gewässer und ist nur mit dem Boot zu erreichen. Die Zimmer des Luxushotels sind im indischen Stil eingerichtet und mit Wandmalereien verziert. Dagegen blieben die Privat-

gemächer des Maharanas und der Maharani unverändert: Antiquitäten und Gemälde aus dem Familienbesitz schmücken die Suiten. Ein idyllischer Innenhof mit Seerosenteich, einem kleinen Garten und zahlreiche Terrassen, Türmchen und Balkone versetzen den Besucher an einen Märchenort aus Tausendundeiner Nacht.

Udaipur im nordwestindischen Rajasthan wird auch »die Stadt der Seen« genannt. Das differenzierte Damm- und Kanalsystem mit Stau- und Verbindungsseen, Schleusen und

Kanälen sollte einst die Wasserversorgung der Bevölkerung sicherstellen und den Wasserstand des neun Meter tiefen Pichola-Sees regulieren.

Im Taj Lake Palace wurde Filmgeschichte geschrieben: 1959 war er Schauplatz von Fritz Langs Abenteuerfilm »Der Tiger von Eschnapur«. Und 1983 zog Roger Moore alias James Bond mit »Octopussy« hier ein. Darauf sind die Bewohner von Udaipur heute noch stolz: An jeder Straßenecke ertönt aus plärrenden Lautsprechern die 007-Titelmelodie.

Der Wasserspender

Spenden ist cool! Die Macher von »Viva con Agua« sind
jung, wollen Spaß und lassen sich nicht von schlechtem
Gewissen leiten. Die Initiative aus Hamburg sammelt Gelder
für sauberes Wasser in armen Ländern. Für Gründer und
Ex-Fußballprofi Benjamin Adrion ist das sinnvoller, als in
der Bundesliga zu spielen.

Von Antje Stiebitz

Benjamin Adrion sitzt entspannt vor dem Café »Amphore« in der Hafenstraße von St. Pauli, den zweijährigen Sohn Malki auf dem Schoß: Dreitagebart, Kapuzenpulli, die Haare leicht zerzaust – wie auf dem Sprung zum nächsten Rave. »Sieht so ein Gutmensch aus?« Schon steht er da, der Gedanke, und man ertappt sich bei den eigenen Vorurteilen.

Der 31-Jährige verdiente sein Geld etliche Jahre als Fußball-Profi – und trat damit in die Fußstapfen von Papa Rainer, der dem Sport zuerst als Spieler, später als Vereinscoach und inzwischen als Trainer der U-21-Nationalmannschaft treu geblieben ist. Anders Sohn Adrion, bei dem die Zweifel an der »Fußballmühle«, wie er es nennt, irgendwann überhand nahmen. Er war als Schüler ein leidenschaftlicher Kicker, trieb sich jeden Tag auf dem Fußballplatz herum, begann in der Jugend des VfB Neckarrems in Schwaben und bei der SpVgg Unterhaching bei München, als Vater Rainer in Bayern als Profi tätig war. Adrion trainierte im Kader des Bundesligisten VfB Stuttgart und spielte im Mittelfeld der damaligen Drittligisten Eintracht Braunschweig und FC St. Pauli – ab und an, aber nicht immer. Verträge im Profifußball gelten nicht für die Ewigkeit, für Superstars gelten sie für vier oder fünf Jahre, der Rest bekommt Ein- oder Zwei-Jahresverträge. Im März 2005 war es nicht klar, ob der Verein den Vertrag verlängern würde. War das der Anstoß, sein Leben umzukrempeln?

Fansupport: Benjamin Adrion war zuletzt beim FC St. Pauli als Fußballer aktiv. Es gelang ihm, seinen Verein von den Wasserprojekten der Welthungerhilfe zu überzeugen. Daher taufte er die Initiative »Viva con Agua de St. Pauli«.

Jedenfalls entwickelte der damals 24-Jährige noch andere Pläne. Er träumte von einer Weltreise und suchte nach Möglichkeiten, sie mit einem sinnvollen Projekt zu verbinden. Als schließlich doch ein Angebot des Vereins auf dem Tisch lag, erbat er sich zunächst drei Wochen Bedenkzeit. Zufällig plante der FC St. Pauli ein Trainingslager auf Kuba, und Adrion Junior erfuhr von einem Wasserprojekt, das die Welthungerhilfe in Zusammenarbeit mit der Stadt Hamburg auf der Insel betreute. Das brachte ihn auf die Idee, soziale Projekte als Fundraiser zu unterstützen. Adrion verlängerte seinen Vertrag um ein Jahr und nutzte diesen Zeitraum, um sich auf sein neues Leben als »Wasserspender« vorzubereiten. Er steckte mit seiner Idee sogar den Verein an – seitdem heißt die Initiative »Viva con Agua de Sankt Pauli«. Jetzt ist es sieben Jahre her, dass die Vision Wirklichkeit wurde – nur der schönste Teil davon, die Weltreise, fiel ins Wasser.

Soziales Engagement ist für Benjamin Adrion vor allem eine Frage des gesunden Menschenverstands. Schon als Schüler habe er oft das Gefühl gehabt, die Welt sei irgendwie falsch organisiert. Nach dem Abitur leistet er Zivildienst in einer Einrichtung für Lernbehinderte, unternimmt zwei Anläufe zu studieren, schmeißt hin. Was bleibt, sind eine innere Unzufriedenheit und sein Unverständnis über das »eklatante Ungleichgewicht« der Lebensrealitäten. Dass die einen auf Kosten der anderen leben, empfindet er als »verdammt

Seine Weltreise fiel ins Wasser

Pfandfinder: Die Idee bei »Viva con Agua« ist einfach: Bei Festivals und Fußballspielen sammeln freiwillige Helfer die leeren Getränkebecher ein und kassieren das Pfandgeld. »Gib den Becher ab und tu' was Gutes!« – lautet die Devise. Die Spendenbüchse ist out, es lebe der Pfandbecher!

schlecht geplant«. Hier brauche es ein Gegengewicht.

Benjamin Adrion gibt sich nachdenklich, wenn er über die Missstände der Welt räsoniert. Will er seine Aktion politisch verstanden wissen? Er winkt ab: »Wir sind keine politisch motivierte Nichtregierungsorganisation.« Entscheidend sei, dass »Viva con Agua« mit ihren Initiativen Erfolg hat. »Es ist schon etwas Besonderes, zu sehen, was Projekte bewirken können und wie sich das Leben der Menschen dadurch verbessert.«

»›Viva con Agua‹ war für mich damals die ideale Kombination aus Fußball, Reisen und

sozialem Engagement«, erklärt er, beißt dabei genüsslich in ein Würstchen und schaukelt nebenbei sein Söhnchen auf den Knien. Dass er sein erstes großes Projekt dem Thema »Wasser« widmete, war letztlich ein Zufall. Doch bei seiner Arbeit wurde ihm schnell bewusst, welche Brisanz der Mangel an sauberem Trinkwasser für Milliarden von Menschen hat.

Non Profit? Viva con Agua ist All-Profit!

Die Sonne scheint. Die Gäste des »Amphore« genießen Wetter und Ambiente. Das Café bietet dank seiner Lage in der Hafenstraße eine perfekte Sicht auf die Elbe und das Gewusel im Hafen. Hier haben sich die Macher

auf das Klientel eingestellt – Frühstück gibt's bis 15 Uhr. Ab und zu kommt ein Bekannter an den Tisch, um ein paar Takte mit »Benny« zu plaudern, wie ihn die meisten hier nennen. Der lässt sich gerne darauf ein. Zwischendurch muss er immer mal wieder den quirligen Malki einfangen. Der Umgang mit anderen fällt ihm leicht, er ist der geborene Netzwerker und passt in diesen links-alternativen Kiez.

Das ist vermutlich auch das Geheimnis für den Erfolg von »Viva con Agua«: der richtige Mann zur richtigen Zeit am richtigen Ort. Adrion ist unkonventionell und glaubwürdig: Man nimmt ihm sein Engagement einfach ab, und seine Popularität trägt das Ihre dazu bei,

Einen Brunnen einzuweihen wie hier in Anosikely, einem Dorf im Südosten Madagaskars, ist immer wieder aufregend für Benjamin Adrion. Neun Brunnen plant die Deutsche Welthungerhilfe auf der Insel. »Viva con Agua« hilft mit Spenden.

Warum »Viva con Agua« hilft: Kein Zugang zu sauberem Trinkwasser – das ist für 783 Millionen Menschen weltweit ein Problem. Über 2,5 Milliarden leben ohne eine sanitäre Basisversorgung. Die unzureichende Infrastruktur führt zu Krankheiten, da Fäkalien das Wasser verunreinigen. Auf diese Weise sterben jährlich 1,9 Millionen Menschen an Durchfallerkrankungen, die auf verunreinigtes Wasser zurückzuführen sind. Die global zunehmenden Probleme im Wasser-, Sanitär- und Hygienebereich (WASH) werden von Hilfsorganisationen als zentraler Punkt im Kampf gegen Hunger und Armut verstanden. Sind sauberes Wasser und sanitäre Grundversorgung gewährleistet, verbessern sich auch Gesundheitszustand und wirtschaftliche Situation der Menschen. 91 Prozent der von »Viva con Agua« gesammelten Spenden fließen aus diesem Grund in Wasserprojekte der Welthungerhilfe.

»das Potenzial des Stadtteils anzuzapfen und für einen sozialen Zweck zu bündeln«.

Die Philosophie der Mitstreiter ist so einfach wie überzeugend: Wir sind eine All-Profit-Organisation. »Wir finden Egoismus nicht gut und Selbstaufopferung nicht nachhaltig.« Und was bedeutet das konkret? »Alle, die mitmachen, sollen profitieren.« Die scheppernde Spendenbüchse ist ein Auslaufmodell. Kreative Ideen, von denen alle was haben, ist die Devise – Spender und Sammler gleichermaßen. So bitten die Helfer von »Viva con Agua« z. B. bei Festivals oder im Stadion des FC Pauli die Besucher um ihre Pfandbecher. Eine geniale Idee: Den ollen Becher wird man gerne los, erspart sich so das Anstehen bei der Rückgabe und tut zugleich etwas Gutes. 2011 kamen allein über das Pfandgeld, bei Festivals und anderen Aktionen Gelder im Wert von mehr als 600 000 Euro zusammen.

Adrion und seinem 20-köpfigen Team ist etwas gelungen, von dem andere Hilfsorganisationen nur träumen: Hier zu helfen ist hip. »Viva con Agua« holt soziales Engagement aus der verstaubten »Alternativecke« und zieht eine neue Generation von Wohltätern an. Die Idee ist ansteckend: Zehn »Zellen«, wie sie ihr Netzwerk nennen, gibt es bereits – in Deutschland, der Schweiz und Spanien. Und die Zellteilung geht weiter, auch in Österreich wird es eine Gruppe geben. Benjamin Adrion blickt weiter und träumt davon, Zweigstellen in Nairobi und Uganda zu initiieren. Wobei »Viva con Agua« sich »nur« um das Sammeln der Gelder kümmert – vor Ort werden die Projekte von der Welthungerhilfe betreut.

»Doch die Gründungszeit war hart«, erinnert sich Adrion. »Oft habe ich befürchtet, dass es scheitert.« Popularität hin oder her, »Viva con Agua« kannte damals niemand. Eine professionelle Website gab es nicht. Heute muss

Eine neue Generation von Wohltätern

er sich darum nicht mehr sorgen, die Hilfsorganisation zählt auf Facebook 16 000 Fans und professionalisiert sich von Jahr zu Jahr. Seit 2010 verkauft »Viva con Agua« über eine neu gegründete »Wasser GmbH« sogar ein eigenes Mineralwasser. Die schlicht gestaltete Flasche, gefüllt mit Husumer Quellwasser, steht vor allem in norddeutschen Supermärkten, trifft aber auch in Berlin auf zunehmende Nachfrage. 40 Prozent des Gewinns bekommen die Investoren, der Rest fließt in die Wasserprojekte der Welthungerhilfe. Bei den Geldspenden sind es sogar 91 Prozent.

Wie früher beim Fußball ist Benny Adrion auch heute ständig in Bewegung, hier ein Telefonat, dort ein Briefing, ein Flachs mit einem Gast – und natürlich muss er auch immer mit der Freundin klären, wer sich um Malki kümmert. Außerdem hat er einem Freund versprochen, die Lehrermannschaft des Emilie-Wüstenfeld-Gymnasiums zu unterstützen. Sie wollen sich im Spiel gegen ihre Schüler nicht blamieren. Natürlich spielt Adrion mit, klopft Schultern, sorgt für gute Laune. »Customer-Relationship-Management« nennt er das augenzwinkernd – (s)eine sehr persönliche Art der »Kundenpflege«.

Benjamin Adrion ist längst Vorbild für andere. 2009 wurde ihm für sein Engagement das Bundesverdienstkreuz verliehen. »Er besucht die Projekte in den Zielländern und spricht ein überwiegend junges Publikum an, das für die Appelle der großen Hilfsorganisationen weniger empfänglich ist«, begründete der Bundespräsident seine Entscheidung. »Das Ding«, sagte Adrion gegenüber dem Hamburger Tagesblatt salopp, »hab ich für all unsere Mitarbeiter angenommen.« Ein Teamplayer eben. Im Mai 2012 bekam er den »Roten Faden« verliehen. Mit dieser Auszeichnung werden Persönlichkeiten gewürdigt, die Außergewöhnliches für die Stadt Hamburg leisten. Der Medienunternehmer Frank Otto hatte sich Benjamin Adrion als seinen Nachfolger für den »Roten Faden« gewünscht.

Sieht so ein Gutmensch aus?

Ja, Adrion ist ein Gutmensch! Aber er ist nicht missionarisch, kommt nicht mit erhobenem Zeigefinger daher. Das macht es seinem Gegenüber leicht. Er ist der nette Junge von nebenan. Aber Adrion ist auch ein Manager mit zwei Jobs – zur einen Hälfte beim Verein, zur anderen bei der Wasser GmbH angestellt. Das erfordert einen präzisen, genau getakteten Wochenplan, damit er das Pensum bewältigt: Bereichsleitersitzungen, Personalgespräche, Organisationsentwicklung.

Klingt anstrengend. Und ist es auch. Benjamin Adrion dribbelt sich da durch. Seine heutigen Aufgaben bieten ihm mehr persönliche Freiheit als das frühere Fußballerleben. Doch an finanzieller Unabhängigkeit hat er eingebüßt. »Als Fußballer habe ich sehr viel Geld verdient, jetzt ist das nicht mehr so einfach.« Plötzlich lächelt der Mann im Kapuzenpulli und fügt lakonisch hinzu, er habe gestern mit Freunden gemeinsam das »Amphore« übernommen. Immer wieder hätte er sich Gedanken über die Absicherung seiner Familie gemacht. Es war an der Zeit, sich neben »Viva con Agua« ein weiteres Standbein zu schaffen. Benjamin Adrion ist also gerade sein eigener Gast. Der Beginn seiner dritten Karriere?

Neue Wasserstellen in Uganda

Das Projekt im Oyam Distrikt in Ugandas Norden hat zum Ziel, mindestens 38 Wasserstellen einzurichten. Begleitet wird es von einem Ausbildungsprogramm zur Wartung und Instandhaltung sowie von Schulungen zu Hygienemaßnahmen. Eine Wasserstelle wird von 150 Haushalten genutzt. Das bedeutet, dass insgesamt rund 25 000 Menschen von den Baumaßnahmen profitieren könnten. Die tägliche Wasserverfügbarkeit liegt in Oyam unter dem Mindeststandard von 15 Litern pro Person und Tag. Zum Vergleich: Der bundesdeutsche Pro-Kopf-Verbrauch wird im Schnitt mit rund 130 Litern pro Tag veranschlagt. Über 40 Prozent der Wasserinfrastruktur Ugandas ist durch kriegerische Auseinandersetzungen völlig zerstört oder stark reparaturbedürftig. Viele Menschen müssen daher einen weiten Weg bis zur nächsten Wasserstelle zurücklegen. Nicht einmal die Hälfte der Bewohner ländlicher Regionen hat Zugang zu sauberem Wasser.

Ozeanien

102 **Tupai-Atoll** und Tahiti
Französisch-Polynesien

Reichen zwölf Quadratkilometer für ein Paradies? In Französisch-Polynesien schon!
Das Tupai-Atoll nördlich von Bora Bora ist Heimat für eine Handvoll Inselwärter,
Zugvögel und Meeresschildkröten. Im nächsten Paradies erholen sich gern frisch
vermählte Paare vom »schönsten Tag im Leben«: Tahiti bietet Plätze wie diesen
vor zartviolettem Horizont – hier werden Strohhütten zu Wasserpalästen.

103 **Twelve** Apostles
Bundesstaat Victoria, Australien

Millionen Jahre brauchten Wind und Wellen, um aus der Steilküste zwölf einzeln stehende Skulpturen aus bis zu 60 Meter hohen Kalkfelsen herauszuwaschen. Die Natur arbeitet weiter an diesem Projekt nahe der spektakulären Küstenstraße »Great Ocean Road«, und die Apostel verlieren nach und nach ihre Standfestigkeit. So symbolisieren sie die Vergänglichkeit alles Irdischen. Heute sind es nur noch acht ...

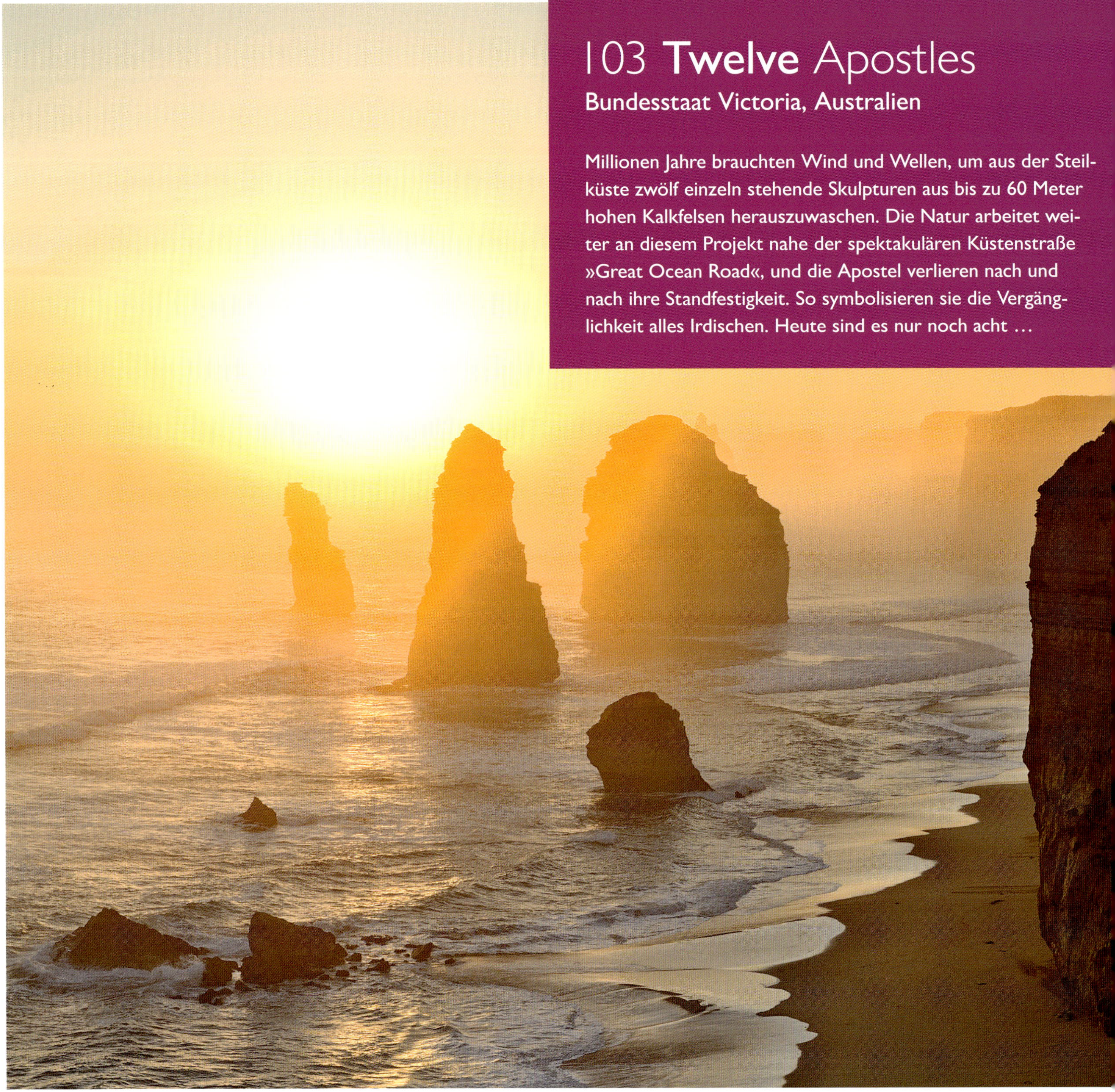

104 Lake Tekapo
Region Canterbury, Neuseeland

Der Lake Tekapo auf der Südinsel Neuseelands ist der größte Binnensee der Region Canterbury. Gespeist wird er durch das Schmelzwasser einiger Gletscher, das zunächst in den Godley River fließt, um sich dort in zig dicke und dünne Seitenarme zu verästeln und schließlich im Tekapo zu münden. Dieses reine Wasser und der feingeschliffene Felsenuntergrund verleihen dem See ein einzigartiges, intensives Türkis – fast fühlt man sich geblendet. Das ändert sich abends, wenn sich ein schwarzer Himmel still über den See legt und nur selten künstliches Licht das Dunkel aufhellt.

»Tekapo« kommt aus der Sprache der Maori. Es setzt sich aus »Taka« und »Po« zusammen – frei übersetzt: »Eine Matte für die Nacht«.

105 Whitsunday Islands
Bundesstaat Queensland, Australien

Es scheint, als ob vor Urzeiten ein Gebirge im Meer versunken wäre – von dem noch 74 Gipfel aus dem Wasser ragen: als idyllische Inselgruppe mit grünen Hügeln, umgeben von tropenwarmem, klarem, blauem Wasser. Nur 17 der Eilande sind bewohnt, meist dominiert von etablierten Hotelketten, die luxuriöse, mondäne, aber auch familiäre Ferien anbieten. Der britische Seefahrer James Cook entdeckte die Inselgruppe an einem Pfingstsonntag (»Whitsunday«) des Jahres 1770 und benannte sie danach. Ab 1861 ließen sich hier immer mehr Kolonisten aus dem British Empire nieder und vertrieben die Aborigines. Geblieben sind neben den Brutkolonien vieler Seevögel die Buckelwale, die hier kalben und deren Gesang seit Urzeiten die Menschen in ihren Bann zieht: 622 verschiedene Laute haben die Forscher der Universität Queensland ausgemacht. Ab Juli, wenn sich die Walkinder mit stolzen 1000 Kilo im warmen Wasser tummeln, sind die Boote der Whalewatcher unterwegs. Sie beobachten die bis zu 15 Meter großen Säugetiere, die beim Eintauchen ins Wasser ganz charakteristisch den Rücken krümmen – und sich so zu Buckelwalen machen.

104

105

106 Great Barrier Reef
Australien

Ein Aquarium so groß wie Deutschland liegt vor der australischen Nordostküste, gebildet aus Riffen voller bunter Korallen. Im klaren Wasser tummeln sich Millionen Fische, sind Seefedern, Seesterne, Schnecken und Muscheln zu Hause, aber auch Meeresschildkröten, Seekühe und Wale.

Noch hat die Natur hier das Sagen, insbesondere im November, dem australischen Frühling. Dann gibt die farbenprächtige Korallenblüte Auskunft darüber, wie es um die Vermehrung ihrer Art in dieser Saison steht.

Wassertemperatur, Tageslänge und Mondphase bestimmen, ob genügend Eizellen und Samen ausgestoßen werden, damit sich die Nesseltiere gegen die starke Meeresströmung und ihre natürlichen Fressfeinde durchsetzen können. Ein sensibles System mit genau aufeinander abgestimmten Prozessen. Wie lange kann es dem immer größer werdenden Besucheransturm trotzen?

Zwei Millionen Touristen besichtigen die Unterwasserwelt pro Jahr, lassen sich mit Booten und Segelschiffen zu den Riffs fahren, schnor-

cheln und tauchen. Aber auch Abwässer aus Industrie, Landwirtschaft und Schiffskatastrophen bedrohen den größten lebenden Organismus der Erde. Dessen schlimmster Feind ist der Klimawandel: Wenn das Meer 1,5 bis zwei Grad Celsius wärmer wird, beginnt die Korallenbleiche und damit das Sterben einer der artenreichsten Regionen der Welt. 2012 warnte die Unesco, sie werde das Riff auf die Liste der bedrohten Welterbestätten setzen – woraufhin Australien das weltgrößte Netzwerk von Meeresschutzparks ankündigte.

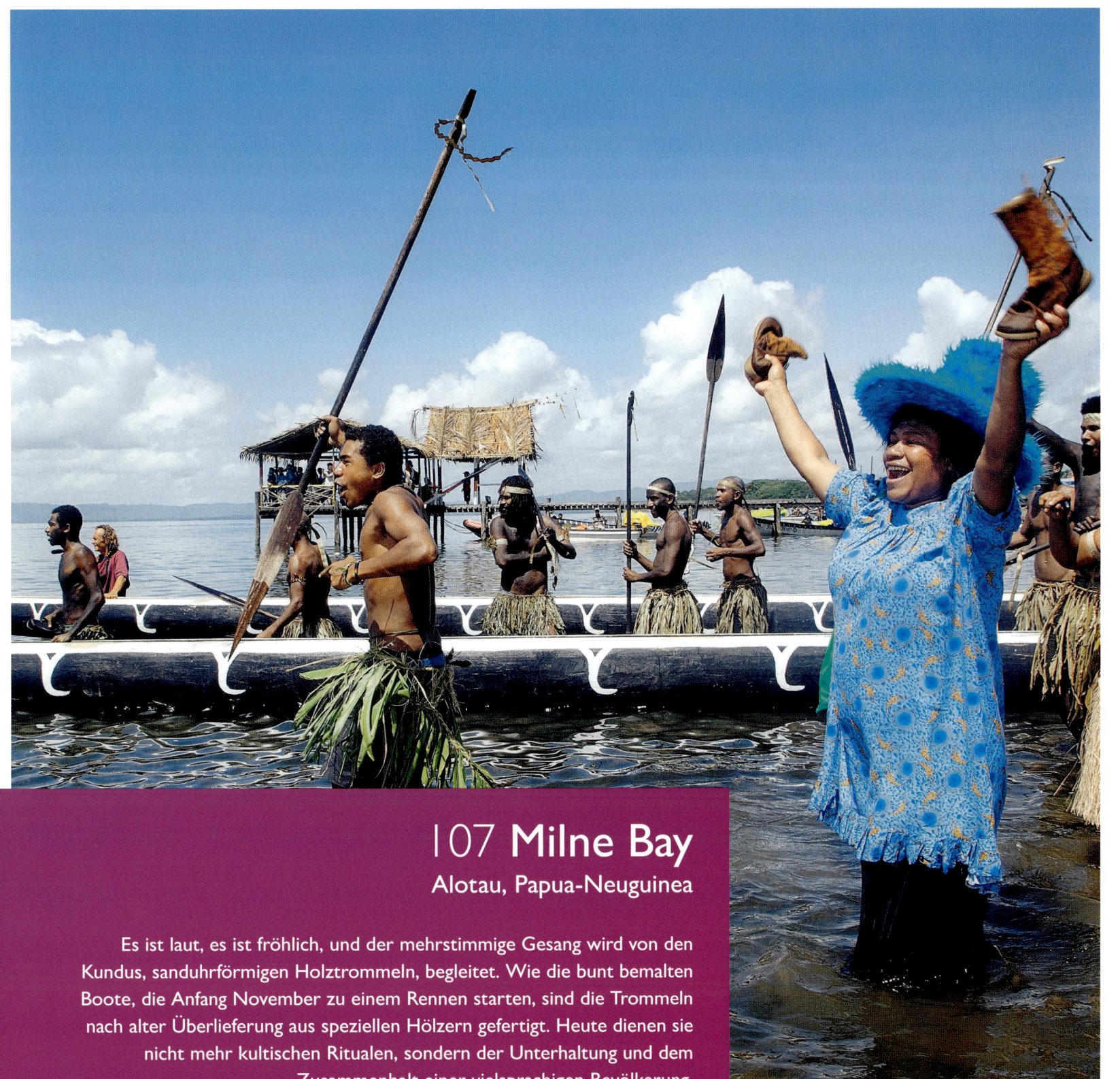

107 Milne Bay
Alotau, Papua-Neuguinea

Es ist laut, es ist fröhlich, und der mehrstimmige Gesang wird von den Kundus, sanduhrförmigen Holztrommeln, begleitet. Wie die bunt bemalten Boote, die Anfang November zu einem Rennen starten, sind die Trommeln nach alter Überlieferung aus speziellen Hölzern gefertigt. Heute dienen sie nicht mehr kultischen Ritualen, sondern der Unterhaltung und dem Zusammenhalt einer vielsprachigen Bevölkerung.

108 Champagne Beach
Espiritu Santo, Vanuatu

In Glück tauchen, in Liebe schwimmen, in Champagner baden. Wer am Champagne Beach landet, fällt eine wunderbare Zeit lang aus der Welt. Auf Espiritu Santo im Südwestpazifik kann man das, sagen zumindest jene, die hier ihre Flitterwochen verbracht haben: kristallklar lockt das Meer, strahlend weißer Sand streichelt die Haut. Die Bucht wird flankiert von den steilen Bergen des Inselstaates Vanuatu. Immer wieder steuern Segelboote und Yachten mit Urlaubern den Strand für Tagestouren an. Aber immer wieder kann man hier auch zu zweit das Glück auf Erden erleben.

109 Aitutaki
Cook Islands

Türkis leuchtet das Wasser, weiß der staubfeine Sand, sanft wiegen sich die Blätter der Palmen im Wind – so unwirklich wie traumschön. Irgendwann färbt das Abendlicht den Sand golden, die Wellen flüstern und der Wind rüttelt weiter an den Palmwedeln. Ein Korallenriff schmiegt sich an die Lagune, und wer von der Hauptinsel in die Ferne schaut, sieht nichts als Blau: Lagunenblau, Meerblau, Himmelblau. Aitutaki ist ein Atoll, ein Korallen-Dreieck mit Lagune und Inseln, jede Seite elf Kilometer lang.

Was macht man dort, so aller Turbulenz der Welt entrückt? Im Sand sitzen und zusehen, wie der Einsiedlerkrebs die Beinchen aus dem Gehäuse streckt? Im kristallklaren Wasser mit den bunten Fischen schwimmen? Ihren Bahnen beim Schnorcheln folgen?

Oder die einzige Bank überfallen? Es kam tatsächlich einmal vor: Räuber haben hier im Jahr 2011 rund 20 000 neuseeländische Dollar erbeutet und die 2000 Einwohner des Atolls um ihre Ersparnisse gebracht.

110 Milford Sound

Region Southland, Neuseeland

Als wäre die Landschaft im Süden Neuseelands nicht schon spektakulär genug mit ihren eisbedeckten Bergkuppen, Seen, Hochmooren, bemoosten Hängen, üppigen Farnen und donnernden Wasserfällen: Im dunklen Wasser des Milfort Sound, einem einst von Gletschern geschaffenen und im Meer versunkenen Tal, spiegeln sich steile, mehr als tausend Meter hohe Felswände und grüne Berge. Längst ist der Fjord mit seiner überwältigenden Schönheit eine der größten Attraktionen des Landes. Bäume krallen ihre Wurzeln in Flechten, und wenn sie den Halt verlieren, stürzen sie hinab wie grüne Lawinen. Bei 200 Tagen Regen im Jahr entspringen den Felsen immer neue kleine Wasserfälle, die sich den imposanten, großen dazugesellen. Mit Kanus, Booten und kleinen Kreuzfahrtschiffen gelangen die Besucher vom Tasmansee hinein in den 15 Kilometer langen Fjord, in dem Robben, Pinguine und Delphine beinahe ungestört leben.

Weitab von bewohnten Gebieten, doch über die Milford Road gut erreichbar, führt die 120 Kilometer lange Anreise von Te Anau im Süden Neuseelands in eine alpine Bergwelt mit Buchten und Seen, durch Zauberwälder mit dichten Moosen und riesigen Farnen und nach dem Homertunnel hinunter in eine Regenwald-Schlucht, die am Milford Sound endet. Millionen kommen jedes Jahr, viele auch zum Wandern über den Milford Track etwa vier Tage auf 54 Kilometer. Aber unbedingt ein Jahr im Voraus reservieren. In den Hütten gibt es kurzfristig kaum Übernachtungsmöglichkeiten.

||| Sydney
Australien

Die Lage ist gut: Auf einer Halbinsel gegenüber der Harbour Bridge entstand von 1959 bis 1973 Sydneys Opernhaus nach Entwürfen des dänischen Architekten Jørn Utzon. Dabei hatte er – wettbewerbswidrig – nur eine grobe Skizze eingereicht. Und gewonnen! Es war nicht der erste bedeutende Bau, der viel länger dauerte als geplant und fast 15-mal so teuer wurde wie kalkuliert. Heute erhitzt das keine Gemüter mehr: Das Sydney Opera House ist das Wahrzeichen der Stadt und des Landes.

Reiseinformationen

Hier finden Sie weiterführende Informationen zu jedem
der magischen Orte am Wasser – Hintergrundgeschichten,
Zahlen und Fakten, Adressen und Interessantes.

Die Gewinner

1 Stand-up-Paddler in Kapstadt, Südafrika
André Becker, Oerlinghausen/
Deutschland

**2 Elephant Island, Südliche
Shetlandinseln/Antarktis**
Dr. Dieter Brecheis, Maur/Schweiz

3 Sankt Peter-Ording, Deutschland
Andrea Hinterleitner, Sierning/
Österreich

4 Alappuzha, Kerala/Indien
Martin Winter, Fürth/Deutschland

5 Georgia Aquarium, Atlanta/USA
Kathrin Schum, Frankfurt am Main/Deutschland, und Russell Clayton, Marietta/USA

6 Strand in Dakar, Senegal
Antonio Jesús Gil Perez, Sevilla/Spanien

**7 Steg zwischen Bardolino und Garda,
Gardasee/Italien**
Frank Hromadka, Ansbach/Deutschland

8 Hummeln-See, Schweden
Thomas Oser, Hildesheim/
Deutschland

9 Salar de Uyuni, Bolivien
Yan Bertoni, Buja/Italien

10 Strand bei Behrensdorf, Deutschland
Alexander Lüders, Tönningstedt/
Deutschland

11 Strand von Mui Ne, Vietnam
Carmen Vetter, Offenburg/Deutschland

Deutschland

12 Wattenmeer, Schleswig-Holstein
Das Schleswig-Holsteinische Wattenmeer ist ein Nationalpark, Weltnaturerbe der Unesco und zusammen mit den Halligen ein Biosphärenreservat. Es ist Teil der größten zusammenhängenden Wattlandschaft der Welt, die sich vom dänischen Esbjerg bis zum holländischen Den Helder erstreckt. In dem geschützten Gebiet brüten zahlreiche Seevogelarten, ziehen Seehunde ihre Jungen auf, legen Zugvogelschwärme Zwischenstopps ein. Insgesamt haben sich etwa 2500 Tier- und 700 Pflanzenarten den Gezeiten, dem starken Wind und dem Salzwasser angepasst.
Nationalparkverwaltung Schleswig-Holsteinisches Wattenmeer • Tel. 04861/616-0 • www.nationalpark-wattenmeer.de/sh • www.waddensea-worldheritage.org/de

13 Große Saarschleife, Saarland
Die Saarschleife ist ein lohnendes Ziel für Wanderer oder Radfahrer, kann aber auch von Mettlach aus per Schiff entdeckt werden. Die felsige Aussichtsplattform »Cloef« in Orscholz bei Mettlach bietet den schönsten Blick über das Wahrzeichen des Saarlands. Von der Cloefstraße in Orscholz führt ein kleiner Weg zu einem Parkplatz, von dem aus der Aussichtspunkt gut zu Fuß zu erreichen ist.
Tourismus Zentrale Saarland • Tel. 0681/927 20-0 • www.tourismus.saarland.de

14 Wilhelmstein in der Region Hannover, Niedersachsen
Das Steinhuder Meer liegt ca. 35 km von Hannover entfernt. Die Anreise auf die Inselfestung Wilhelmstein erfolgt über die Ortschaft Steinhude. Von den Anlegestellen »Strandterrassen« oder »Ratskeller« aus kann man mit dem Linienschiff oder dem »Auswandererboot«, einem motorisierten Holzsegler, übersetzen.
Tel. +49/5033/1436 • www.wilhelmstein.de
Öffnungszeiten: 1. April–15. Okt. tgl. 9.30–17.30 Uhr

15 Friedrichsbad in Baden-Baden, Baden-Württemberg
Das Friedrichsbad befindet sich im Herzen von Baden-Baden am Römerplatz 1 und ist mit den öffentlichen Verkehrsmitteln oder dem Auto gut zu erreichen. Dem römisch-irischen Bad sind ein Parkhaus und ein Restaurant angegliedert. Je nach Programm dauert ein Wellness-Durchlauf drei bis vier Stunden und kostet zwischen 23 und 43 €. Das Friedrichsbad ist ein Nacktbad, Tücher und Badeschuhe werden zur Verfügung gestellt. Verschiedene Cremes gehören in den Duschräumen zum Service.
Römerplatz • 76530 Baden-Baden • Tel. +49/7221/275940 • www.carasana.de/

de/friedrichsbad • Öffnungszeiten: Mo–So 9–22, letzter Einlass 20 Uhr

16 Ostseeinseln, Mecklenburg-Vorpommern

Von Stralsund aus ist die Insel Rügen über die neue Brücke oder den Rügendamm per Bahn oder Auto direkt zu erreichen. Zwischen Stralsund und Altefähr sowie Stahlbrode/Reinberg und Glewitz verkehrt eine Fähre. Von Puttgarden bis Sassnitz im Norden der Insel erstreckt sich die etwa 15 km lange, bis zu 118 m hohe Kreideküste. Sie gehört zum Nationalpark Jasmund, seit 2011 Weltnaturerbe der Unesco. Die bekanntesten Abschnitte sind der Königsstuhl und das Kap Arkona. Durchschnittlich 30 cm pro Jahr weicht die Küste hier zurück. Immer wieder kommt es auch zu größeren Felsabbrüchen. Warnschilder weisen auf die Gefahr hin. Stark gefährdete Gebiete sind abgesperrt.
Nationalparkamt Vorpommern • Tel. +49/38234/502-0 • www.nationalpark-vorpommersche-boddenlandschaft.de
Hiddensee und die ehemalige Sandbank Bock gehören zum Nationalpark Vorpommersche Boddenlandschaft. Bock ist unbewohnt und steht unter Naturschutz. Es empfiehlt sich, mit öffentlichen Verkehrsmitteln über Stralsund nach Hiddensee anzureisen. Von Berlin, Hamburg und Rostock aus wird Stralsund im Zweistundentakt direkt von der Bahn angefahren, ab Rostock und Berlin verkehren auch Regionalzüge. In Stralsund geht's im Sommerhalbjahr mit dem Schiff weiter. Von Schaprode auf Rügen kann man mit der Fähre nach Hiddensee übersetzen. Fast alle Orte im und rund um den Nationalpark sind per Bus und Bahn gut zu erreichen.
Tourismusverband Mecklenburg-Vorpommern • Tel. +49/381/4030500 • www.auf-nach-mv.de
Tourismus Zentrale Rügen • Tel. +49/3838/8077-0 • www.ruegen.de

17 Strandperle in Hamburg

Zu Beginn des letzten Jahrhunderts badete man hier noch in züchtiger Kleidung oder nahm eine Erfrischung in der Altonaer Milchhalle zu sich, die seinerzeit an gleicher Stelle stand. Anfang der Siebziger kam man gern mit dem Boot hierher, um mit Lotsen und Rentnern zu Gitarren- und Mundharmonikaklängen Bier zu trinken. Heute trifft sich die Hamburger Szene an dem charismatischen Ort zum Klönen und Entspannen.
Övelgönne 60 • 22605 Hamburg • Tel. +49/40/880 11 12 • www.strandperle-hamburg.de • Öffnungszeiten: April–Okt. 11–23 Uhr, Nov.–März Sa/So und bei gutem Wetter

18 Pfahlbauten im Bodensee, Baden-Württemberg

Pfahlbaumuseum Unteruhldingen, Freilichtmuseum und Forschungsinstitut • Strandpromenade 6 • 88690 Uhldingen-Mühlhofen Tel. +49/7556/92890-0 • www.pfahlbauten.de • Öffnungszeiten: April–Sep. tgl. 9–19, Okt. 9–17 Uhr, Nov.–März variabel

19 Königssee, Bayern

Anreise mit dem Auto: über die Bundesautobahn A8 München–Salzburg, Ausfahrt Bad Reichenhall, weiter über die B20 bis zum Königssee. Von Süden kommend über die Tauernautobahn, Ausfahrt Salzburg Süd, B305 nach Berchtesgaden, weiter über die B20 bis zum Königssee. Per Bahn: Über München nach Berchtesgaden, anschließend mit dem Bus nach Königssee. Mit dem Flugzeug: über München oder Salzburg.
Tourist Information Schönau am Königssee • Tel. +49/8652/65598-0 • www.koenigssee.com

20 Dresden, Sachsen

Die Frauenkirche befindet sich in der historischen Altstadt Dresdens mit ihren zahlreichen Kunst- und Kulturschätzen. Zu diesem Teil der Barockstadt gehört etwa der Zwinger, wo die Gemäldegalerie Alte Meister, u. a. mit Raffaels »Sixtinischer Madonna«, und die kostbare Porzellansammlung August des Starken untergebracht sind. Weitere Sehenswürdigkeiten: die prachtvoll ausgestattete Semperoper, das Residenzschloss mit der königlichen Schatzkammer, auch als »Grünes Gewölbe« bekannt, und die ehemalige katholische Hofkirche. Die Brühlsche Terrasse, einst Privatgarten des sächsischen Premierministers Graf Brühl, ist heute eine bei den Dresdnern beliebte öffentliche Promenade. Den Abschluss der berühmten Altstadt-Skyline bilden das Albertinum mit Kunstwerken von der Romantik bis zur Gegenwart und die Kunstakademie mit ihrer unverwechselbaren, von einem goldenen Engel gekrönten Glaskuppel.
Tourismus Zentrale Dresden • Tel. +49/351/50160160 • www.dresden.de/dtg
Stiftung Frauenkirche Dresden • Tel. +49/351/

65 60 61 00 • www.frauenkirche-dresden.de • zu besichtigen in der Regel Mo–Fr 10–12 und 13–18 Uhr

21 Eisbach in München, Bayern

Am besten zu sehen ist die Eisbach-Welle von der Brücke rechts neben dem Haus der Kunst, Prinzregentenstraße 1. Zu erreichen mit der U-Bahn, dem Bus oder der Tram. Haltestellen Lehel oder Odeonsplatz.
www.eisbachwelle.de und
www.wellen-für-münchen.de

Nordeuropa

22 Schwimmende Häuser in Amsterdam, Niederlande

Halb Haus, halb Boot – 55 Ein- und Mehrfamilienhäuser schwimmen nur wenige Kilometer von Amsterdams Stadtzentrum entfernt auf dem Ijsselmeer. Architektin Marlies Rohmer hat sich beim Design von Frachtcontainern inspirieren lassen. Die leichten Häuser aus Holz, Glas und synthetischem Material wurden in einer 70 km entfernten Werft gebaut. Erreichbar sind sie über Stege, in denen zugleich die Rohre und Kabel für Wasser und Strom verlaufen. Die Bewohner lieben die ruhige Lage und die Helligkeit der komfortabel ausgestatteten Häuser, die zwischen 250 000 und 500 000 € kosten. Außerdem sind diese Hausboote des 21. Jh. bestens gerüstet gegen mögliche Überflutungen als Folge des Kli-

mawandels, denn ein Drittel der Niederlande liegt unterhalb des Meeresspiegels, und statt Deichbau planen bereits mehrere Gemeinden schwimmende Siedlungen.
www.iamsterdam.com

23 Den Norske Opera in Oslo, Norwegen

Die neue Spielstätte der Norwegischen Oper in Oslo sollte ähnlich wie das Sydney Opera House in Australien am Hafen stehen. Der erste Spatenstich erfolgte im Februar 2003, eröffnet wurde das größte Musiktheater Norwegens im April 2008. Die Kosten für das 110 m breite und 207 m lange Gebäude betrugen 4,13 Mrd. Kronen (etwa 520 Mio. €). Es verfügt über drei Bühnen und mehr als 1500 Räume. Das Architektenbüro wurde 2009 für den Entwurf des neuen Opernhauses mit dem Mies van der Rohe Award for European Architecture ausgezeichnet.
Den Norske Opera & Ballett • Tel. +47/ 21 42 21 00 • www.operaen.no

24 Eishotel in Jukkasjärvi, Schweden

Das Eishotel in Jukkasjärvi, 1991 das erste Mal aus Schnee und Eis konstruiert, liegt etwa 200 km nördlich des Polarkreises im schwedischen Lappland, wo es im Winter bis zu – 30° C kalt wird. Neben Bar und Eingangshalle verfügt das Hotel über 60 Räume, in denen bis zu 140 Gäste übernachten können. Die Idee hat Furore gemacht – mittlerweile kann man auch in Finnland, Norwegen, Alaska, Kanada und Österreich in Fellschlafsäcken auf Eisblöcken übernachten.
Icehotel • Tel. +46/980/6 68 00 •
www.icehotel.com

25 Arvidsjaur, Schweden

Wer nicht hier ist, um auf den eisglatten Straßen die Bremssysteme von Autos zu testen, kann per Snowmobil, Hundeschlitten oder Langlaufski die Umgebung erkunden. Oder im Zentrum von Arvidsjaur die alte Samenstadt mit ihren etwa 80 gut erhaltenen Holzhäusern aus dem 17. Jahrhundert besichtigen. Die Samen sind ein indigenes Volk im Norden Fennoskandinaviens – der Begriff Lappen wird heute als diskriminierend angesehen und die ursprüngliche Sprache der Samen gehört wie Finnisch und Ungarisch zur Familie der uralischen Sprachen. Der Flughafen Arvidsjaur wird vor allem von November bis April regelmäßig aus Deutschland angeflogen.
Touristenbüro Arvidsjaur • Tel. +46/960/ 1 75 00 • www.arvidsjaur.se

26 Lysefjord, Norwegen

Eine Schifffahrt auf dem Lysefjord, umgeben von mächtigen Bergen, gehört zu den unvergesslichen Erlebnissen einer Norwegenreise. Fähren verbinden Stavanger, Lauvvik und Forsand mit Lysebotn am Ende des Lysefjords. Die einfache Fahrt nach Lysebotn von Stavanger dauert 4 Stunden, von Lauvvik 2,5 Std. Für die Rückfahrt durch die Berge benötigt man mit dem Auto von Lysebotn über Sirdal nach Stavanger (ca. 150 km) ungefähr 2,5 Std.
Tourist Information Lysefjorden • Tel. +47/ 51 70 36 60 • www.lysefjordeninfo.no/de

27 Le Mont-Saint-Michel, Frankreich

Le Mont-Saint-Michel vor der normannischen Atlantikküste ist unbebaut rund 46 m hoch und 55 000 m² klein. Die Insel liegt in

der gleichnamigen Bucht ca. 30 km entfernt von der Kleinstadt Avranches. Als Kloster mit Skriptorium war die felsige Festung über Jahrhunderte Pilgerziel – mit der französischen Revolution verwandelte sie sich in ein Gefängnis. Erst die Romantik entdeckte sie wieder. Eine Bewegung um den Schriftsteller Victor Hugo begann sich erfolgreich für das mittlerweile verwahrloste Kleinod im Wattenmeer einzusetzen. Das Gefängnis wurde geschlossen, und Mont-Saint-Michel 1874 zum nationalen Denkmal erklärt. Seine Wiederherstellung dauerte Jahrzehnte, über zwei Weltkriege hinweg, aber 1966 kehrten auch Ordensleute in das Abtgebäude zurück. Das übrige Kloster blieb in staatlicher Hand. Seit 1979 gehört die Touristenattraktion zum Weltkulturerbe der Unesco und zieht jährlich etwa 3,5 Mio. Besucher an.
Le Mont Saint Michel Office du Tourisme • Tel. +33/2/33 16 14 30 • www.ot-montsaintmichel.com

28 Loch Ness, Schottland

Zentrum des Nessie-Tourismus ist Drumnadrochit an der Westküste des zweitgrößten Sees in Schottland. Der Ort liegt 20 Min. mit dem Auto oder Bus von Inverness entfernt, ist aber auch gut mit dem Schiff zu erreichen.
The Loch Ness Centre & Exhibition • Tel. +44/14 56/45 05 73 • www.lochness.com

29 Old Man of Hoy, Orkney, Schottland

Es ist nicht ganz einfach, zum Old Man auf Hoy zu gelangen: Die zweitgrößte Insel der Orkneys mit ihren knapp 400 Einwohnern, die von Landwirtschaft, Fischerei und etwas

Tourismus leben, hat keinen Flugplatz. Es gibt nur eine Fährverbindung von Lynees und Moaness aus zu den Nachbarinseln Walls, Flotta, Graemsay und Mainland. Letztere ist die Hauptinsel des Archipels, mit Stromness, einem wichtigen Fährhafen zum Festland, und der Hauptstadt Kirkwall, wo der Flughafen liegt.
Visit Orkney • Tel. +44/18 56/87 28 56 • www.visitorkney.com

30 Lofoten, Norwegen

»Ló« ist altnordisch für Luchs und »foten« heißt Fuß – also wörtlich »Luchspfote« heißt der Archipel, der mit seinen etwa 80 Inseln nördlich des Polarkreises vor der Küste Norwegens liegt. Seit ca. 6000 Jahren siedeln Menschen auf den Lofoten, hauptsächlich an der Ostseite, weil diese durch die teilweise über 1200 m hohen Berge besser vor Wind und Seegang geschützt ist. Neben dem Tourismus leben ihre insgesamt 24 000 Bewohner hauptsächlich und wie schon seit Jahrhunderten vom Fischfang. Brücken, Tunnel oder Fähren verbinden die Inseln untereinander und mit dem norwegischen Festland.
Turistinformasjon • Tel. +47/76 06 98 00 • www.lofoten.info

31 Delphi Lodge, Irland

An der Westküste Irlands, umgeben von den Bergen Connemaras, liegt Delphi Lodge – das Eldorado für leidenschaftliche Angler, für Liebhaber von Abgeschiedenheit und ursprünglicher Natur. Von Galway bis zur Lodge sind es 80 km, das ist etwa eine Stunde Autofahrt. Auf dem 400 ha großen Anwesen befin-

den sich ein Haupthaus mit 12 komfortablen Räumen und fünf restaurierte Cottages. Wer es nicht nur auf Lachs und Bachforelle abgesehen hat, kann in der Nähe wunderbar wandern, golfen und reiten.
Delphi Lodge • Tel. +3 53/95/4 22 22 • www.delphilodge.ie

32 Austernzucht in der Bretagne, Frankreich

Die malerische Insel Saint Cado liegt im Ria Etel, einem 22 km² großen Meerbusen, in den mehrere kleine Flüsse münden. Die nächsten größeren Städte, Lorient und Vannes, sind etwa 30 bzw. 40 km entfernt. Das Dorf Etel, am Eingang des Binnenmeeres, war in früherer Zeit der wichtigste Thunfischhafen des Atlantiks. Die Umgebung bietet blaues Meer, Dünen, naturbelassene Strände und kleine Buchten mit bunten Booten – bretonische Idylle pur.
Tourisme de Bretagne • Tel. +33/2/99 28 44 30 • www.tourismebretagne.com

33 Saunakultur am Päijänne-See, Finnland

Angeblich verbringen die Finnen ihre Freizeit an den Seen nicht nur in der Sauna – sie sollen auch angeln, Beeren sammeln, baden und grillen. Oder sie statten dem Päijänne-Nationalpark einen Besuch ab: Er liegt am Südende dieses längsten Sees von Finnland. Zu ihm gehören zahlreiche Inseln wie Papinsaari, Huhtsaari und Hietasaari, mit Sandstränden und flachen Buchten, oder der acht Kilometer lange Kiesrücken der Insel Kelvenne. Erkunden kann man das Naturparadies auch von Bord eines Schiffes aus, mit Boot-Taxis, Kanus, im Winter auch per Ski oder Snowmobil: denn

Reiseinformationen

mehr als 25 % des 2400 km² großen Gebiets sind von Wasser bedeckt. Ein 120 km langer Tunnel versorgt Helsinki übrigens mit Trinkwasser aus dem Päijänne-See.
Info über Region mit Naturschutzpark Päijänne-See: Touristinformation der Region Etelä-Päijänne • Tel. +358/3/8886680 • www.loma-paijanne.fi

34 Bláa Lónið, Island

Das Geothermalbad ist Wellnessoase und medizinisches Spa zugleich. Dampfbäder, Sauna, Massagen und eine eigene Kosmetiklinie verwöhnen Körper und Seele. Im angegliederten Therapiezentrum verordnen Dermatologen für eine heile Haut Bäder im thermalen Seewasser mit dem außergewöhnlich hohen Siliciumgehalt. 6 Mio. l des kostbaren Nass fasst die Blaue Lagune, alle 40 Std. wird es erneuert. Das Bad hat das ganze Jahr über geöffnet. Es ist in nur 20 Autominuten vom Keflavík International Airport aus erreichbar, vom Zentrum Reykjaviks sind es 40.
Blue Lagoon • Tel. +354/4208800 • www.bluelagoon.com • Juni–Aug. 9–21, Sept.–Mai 10–20 Uhr

35 Shanklin Chine auf der Isle of Wight, Großbritannien

Die Isle of Wight liegt vor der Südküste Großbritanniens gegenüber von Southampton. Hier starten große Segelregatten wie der Admiral's Cup oder der Commodores Cup. Auf dem legendären Rock-Festival in der Nähe von Tennyson Down spielten 1970 Jimi Hendrix, The Doors, The Who, Miles Davis, Leonard Cohen und Supertramp. Älteste Touristenattraktion ist jedoch Shanklin Chine an der Ostküste der Insel. Schon der berühmte Maler William Turner skizzierte Ende des 18. Jh. die Felsenschlucht, die mit seltenen Farnen, Moosen, wilden Fuchsien, Heliotropen und 150 weiteren Wildpflanzen bewachsen ist. Wer sie durchwandert, gelangt direkt an den Strand und kann sich in dem 1817 von William Colenutt errichteten Fisherman's Cottage stärken. Colenutt war es auch, der den ersten Pfad durch Shanklin Chine legte.
Shanklin Chine • Tel. +44/1983/866432 • www.shanklinchine.co.uk • April–Okt. tgl. 10–17 Uhr

36 Beleuchtete Brücken in St. Petersburg, Russland

Kurz vor Mitternacht bricht die Dämmerung an, ohne dass die Sonne jedoch vollständig versinkt, und schon gegen 4 Uhr früh geht sie wieder auf. Ungefähr von Ende Juni bis Mitte Juli wird dieses Naturereignis gefeiert. Boote bevölkern den Fluss und Feuerwerk verglüht vor einem hellen Himmel: Dostojewski benannte danach seine in Sankt Petersburg spielende Erzählung »Weiße Nächte« aus dem Jahr 1848 – eine der schönsten Liebesgeschichten der Weltliteratur. Die Stadt liegt, wie Südteile von Grönland und Alaska, auf dem 60. Breitengrad an der Mündung der Newa im Finnischen Meerbusen. Die nördlichste Millionenstadt der Welt wurde 1703 von Peter dem Großen gegründet und war einst prächtige Hauptstadt des russischen Zarenreichs. Das einstige »Fenster nach Europa« fasziniert bis heute mit seinen Kulturschätzen und den durchfeierten Sommernächten.

Russian National Tourist Office • Tel. +44/207/985-1234 • www.visitrussia.org.uk
Touristen Information • Tel. +7/812/327-3416 • www.petersburg-info.de

37 Seljalandsfoss, Island

Island, die Insel aus Feuer und Eis, ist nur per Flugzeug oder mit dem Schiff zu erreichen. Der größte internationale Flughafen Leifur Eiríksson bei Keflavík liegt etwa 60 km westlich der Hauptstadt Reykjavík. Die einzige Autofähre verkehrt ab Hirtshals (Dänemark) und setzt via Tórshavn (Färöer Inseln) nach Seyðisfjörður im Osten Islands über, ca. 700 km von Reykjavik entfernt.
Official Tourism Information • Tel. +354/5114000 • www.visiticeland.com

38 Giant's Causeway, Nordirland

Den Vulkan, dessen Lava die Basaltsäulen entstehen ließ, hat die Erosion längst abgetragen. Der »Damm des Riesen« jedoch überdauerte und zählt zum Unesco-Weltnaturerbe. Zu finden ist er an der Nordküste Irlands, östlich von Bushmills, ca. 80 km von Belfast entfernt.
National Trust Giant's Causeway • Tel. +44/28/20731855 • www.nationaltrust.org.uk/giantscauseway

39 Rheinfall bei Schaffhausen, Schweiz

Der größte Wasserfall Europas ist sozusagen Schweizer Eidgenosse: Sein rechtes Ufer befindet sich in Neuhausen, das linke in Laufen-Uhwiesen, vier Kilometer westlich von Schaffhausen. Vom Schloss Laufen oder dem Schlösschen Wörth ausgehend, werden Schiffsrundfahrten bis dicht an den Rheinfall

angeboten. Per Auto, Fahrrad oder mit öffentlichen Verkehrsmitteln ist die Touristenattraktion bequem zu erreichen.
Koordinationsstelle Rheinfall • Tel. +41/52/ 620 49 11 • www.rheinfall.ch

40 Gwithian in Cornwall, Großbritannien

Die Grafschaft Cornwall liegt im äußersten Südwesten Englands und wird gerühmt für ihre landschaftliche Schönheit, das Meer und die malerischen Küstenorte: Es ist das Rosamunde-Pilcher-Land – einige Romane der populären Schriftstellerin, die in Lelant geboren wurde, spielen in der Nähe von Gwithian an in St. Ives. Und »Jacobs Zimmer« (Jacob's Room) heißt das Werk, das Virginia Woolf dieser Gegend widmete, wo sie die Sommer ihrer Kindheit verbrachte. Heute ist der beliebte Ferienort eine bekannte Künstlerkolonie mit 30 Galerien, unter ihnen eine Filiale der Londoner Tate Gallery. Über drei Strände (Porthminster Beach, Porthmeor Beach und Porthgwidden Beach) verfügt die Stadt, und ganz in der Nähe liegen noch Carbis Bay und der kilometerlange Strand von St. Ives Bay.
National Tourism Agency •
www.visitbritain.com

41 Strokkur, Island

Insgesamt gibt es noch 26 aktive Geysire in Island. Strokkur und Großer Geysir befinden sich im Heißwassertal Haukadalur am Fuße des Berges Laugarfjall. Es liegt im Süden von Europas zweitgrößter Insel, ca. 100 km östlich der Hauptstadt Reykjavik.
Official Tourism Information • Tel.
+3 54/5 11 40 00 • www.visiticeland.com

Südeuropa

42 Padrão dos Descobrimentos in Lissabon, Portugal

Das goldene Zeitalter Portugals war schon längst vergangen, als das Salazar-Regime 1960 den Infanten Heinrich, genannt der Seefahrer, 500 Jahre nach seinem Tod mit einem Denkmal aus rosafarbenem Stein ehrte. Das Monument in Form einer stilisierten Karavelle steht in Lissabons Stadtteil Belém gegenüber vom Hieronymuskloster. Der Königssohn, der sich stolze neun Meter hoch am Bug erhebt, hat 32 weitere nationale Größen der Geschichte im Gefolge wie Vasco da Gama oder den Dichter Luís de Camões. Der Eingangsbereich ist mit einem großflächigen Mosaik aus verschiedenen Marmorarten ausgelegt: In eine Windrose ist z. B. eine Weltkarte eingearbeitet mit den wichtigsten, durch portugiesische Seefahrer entdeckten Routen. Von der Aussichtsplattform des Monuments hat der Besucher in 50 m Höhe einen wunderbaren Blick über Lissabon und den Tejo mit der bekannten Hängebrücke: Die »Ponte 24 de Abril« verbindet Lissabon mit dem gegenüberliegenden Ufer, wo Cristo Rei, eine Nachbildung der Christus-Statue von Rio de Janeiro, seine Arme segnend über die Stadt breitet.
Tourismusbüro Lissabon • Tel. +351/ 210 31 27 00 • www.visitlisboa.com • Mai–Sept. Di–So 10-19, Okt.–April 10–18 Uhr, letzter Einlass 30 Min. vor Schließung

43 Bonifacio, Korsika

Bei klarer Sicht kann man von Bonifacio aus am Horizont die Küste Sardiniens sehen. Nachts funkeln die Lichter übers Meer herüber. Eine Fähre verbindet stündlich und ganzjährig beide Inseln zwischen Bonifacio und Santa Teresa Gallura. Daher ist die Anreise für Flugreisende nicht nur direkt nach Korsika (Ajaccio, Calvi, Bastia) möglich, sondern auch über Sardinien. Viele Reisende bevorzugen jedoch den Weg über italienische Häfen wie Savona, Genua, Livorno oder französische wie Nizza, Marseille, Toulon nach Bastia, Calvi oder Ajaccio. Von hier geht es per Auto in das an der Südspitze gelegene Bonifacio weiter.
Office Municipal de Tourisme de Bonifacio • Tel. +33/495/73 11 88 • www.bonifacio.fr

44 Cabo da Roca, Portugal

Wo einst die Welt zu Ende war, weht meist ein kräftiger Wind. Auf dem steil aus dem brodelnden Atlantik aufragenden Felsplateau verliert sich der Blick in der endlosen Weite des Ozeans. Der Ort mit den Koordinaten 38° 47' N, 9° 30' W – von Luís de Camões in den Lusiaden, dem Nationalepos Portugals, etwas poetischer verewigt – liegt ca. 45 km nordwestlich der Hauptstadt Lissabon. Ab Sintra oder Cascais ist der westlichste Punkt des europäischen Festlands auch mit dem Bus zu erreichen.
Posto de Turismo do Cabo da Roca • Tel. +351/2 19 28 00 81 • ww.cm-sintra.pt

45 Rovinj, Kroatien

Die heutige Altstadt Rovinjs mit dem alles überragenden Glockenturm der Euphemia-

Kirche, ihrem Wahrzeichen, war ursprünglich eine Insel. Erst im 18. Jh. wurde sie mit dem Festland verbunden, und ihre wechselvolle Geschichte hat das malerische Stadtbild stark geprägt. Kulturhistorische Sehenswürdigkeiten, verwinkelte Gässchen, zahlreiche Strände ganz in der Nähe und vorgelagerte Inseln mit Bade- und Tauchmöglichkeiten machen Rovinj mit seinen ca. 14000 Einwohnern zu einem beliebten Urlaubsziel. Meist erfolgt die Anreise mit dem eigenen Wagen über Autobahn, Land- und Küstenstraßen. Ab München braucht man ca. 7 Std. Von einigen Bahnhöfen in Deutschland und Österreich verkehren während der Sommermonate in regelmäßigen Abständen Busse nach Rijeka (ca. 100 km bis Rovinj). Flugverbindungen gibt es nach Pula (ca. 55 km entfernt) oder Rijeka. Von den Flughäfen aus fahren Busse in die jeweiligen Innenstädte und weiter nach Rovinj. Turistićka Zajednica Rovnj • Tel.+385/52/ 811-566 • www.tzgrovinj.com

46 Lago Verde, Lanzarote

Seit Jahren bemühen sich Wissenschaftler, die Ursache herauszufinden für die Austrocknung des Kratersees bei El Golfo, einem 150-köpfigen Fischerdorf in der Gemeinde Yazia, südlich des Timanfaya-Nationalparks. Früher waren hier in großen Mengen Clicos, essbare Meeresfrüchte, zu finden, und nach ihnen wird der grüne See auch Charco de los Clicos genannt. Die Vulkaninsel Lanzarote mit ihren Lavafeldern, einer vielfältigen Fauna und Flora und den zahlreichen Naturschutzgebieten bemüht sich seit langem darum, nachhaltiges wirtschaftliches Wachstum

mit dem Schutz von Natur und Umwelt zu verbinden. 1993 erkannte die Unesco Lanzarote als Biosphärenreservat an.
Patronato de Turismo • Tel. +34/928/ 811762 • www.turismolanzarote.com

47 Yerebatan Sarnıcı in Istanbul, Türkei

In dem versunkenen Palast erhielt James Bond »Liebesgrüße aus Moskau«, war Jackie Chan »Spion wider Willen« und hinterließ Hülya Özkan »Die Tote in der Zisterne«. Wer die Drehorte originaler Filmszenen besuchen möchte, sollte 30 Min. bis eine Stunde in Yerebatan Sarnıcı einplanen.
Turist Danışma Ofisi • Tel.+90/212/465-3151 und -3547 • english.istanbul.gov.tr

48 Santorini, Griechenland

Hochwertige Weiß- und Süßweine, Tomaten, Pistazien und Feigen werden auf Santorini noch immer angebaut, auch wenn die ca. 13000 Bewohner der im Griechischen meist Thira genannten Insel heute überwiegend vom Tourismus leben. Die Hauptinsel der Kykladen in der südlichen Ägäis lockt mit weißblauen Häusern, Stränden, kristallblauem Wasser, gleißendem Licht und griechischem Lebensgefühl. Den Flughafen von Santorini fliegen viele internationale Chartergesellschaften aus Europa an. Linienflüge nach Athen gibt es von hier aus ebenso wie tägliche Fährverbindungen zum Athener Hafen Piräus. Schnellfähren bringen einen täglich zu den Schwesterinseln des kleinen Archipels sowie nach Kreta.
Greece Tourism Organisation • Tel. +30/ 210/8707000 • www.visitgreece.gr

49 Liparische Inseln, Italien

Wie zu Zeiten des Odysseus sind die 20 bis 40 km vor der Nordküste Siziliens gelegenen Liparischen Inseln auch heute nur per Schiff zu erreichen. Von Milazzo, Messina, Cefalu, Palermo (Sizilien) oder Neapel und Reggio Calabria (ital. Festland) steuern sie Fähren und schnellere Tragflächenboote an. Wegen seiner ursprünglichen Natur ist der im Jahre 2000 von der Unesco zum Weltnaturerbe erklärte Archipel besonders für Wanderer und Naturliebhaber ein lohnendes Ziel. Gemeinsam ist den Inseln die vulkanische Herkunft, doch jede der sieben Schwestern im Tyrrhenischen Meer bezaubert durch ihre ganz eigenen Reize. Lipari, die pulsierende Hauptinsel, bietet Strände, ein archäologisches Museum, Lokale und Boutiquen. Vulcano, die allen feuerspeienden Bergen ihren Namen gab, zieht mit ihren heißen Schwefelquellen, Lavastränden und dem dampfenden Krater nicht nur Geowissenschaftler in ihren Bann. Stromboli wurde spätestens berühmt, als ihr Roberto Rossellini 1949 in dem gleichnamigen Filmklassiker mit Ingrid Bergman ein Denkmal setzte. Gedreht wurde auch auf Salina. »Der Postmann«, die fiktive Geschichte einer Freundschaft zwischen dem Dichter Pablo Neruda und seinem Briefträger, spielt vor einer atemberaubenden Kulisse: denn Salina ist grün, mit einer Süßwasserquelle gesegnet und konnte so seine Bewohner stets mit süßem Malvasia-Wein, Kapern und Oliven versorgen. Filicudi und Alicudi macht alle glücklich, die die Einsamkeit lieben. Dünn besiedelt und dank einer mangelnden Infrastruktur konnten sie ihren natürlichen Charme bewahren,

bieten zerklüftete Felsen, klares Wasser und einen großen Fischreichtum. Demgegenüber gibt sich Panarea mondän. Sie ist die Kleinste, aber Feinste und Teuerste des Septetts, denn viele reiche Italiener besitzen dort Villen. Im Juli und August ist Hochsaison, die Unterkünfte sind meist ausgebucht und teuer – beste Reisezeit ist von Mitte März bis Ende Juni und von September bis Mitte November.
Fremdenverkehrsamt der Liparischen Inseln • Servizio Turistico Regionale N. 16 di Messina • Corso Vittorio Emanuele, 202 • 98055 Lipari (Messina) • Tel. + 39/90/9880095 • www.aasteolie.191.it

50 Hagia Sophia in Istanbul, Türkei

Einst byzantinische Kirche und später Moschee, beherbergt sie heute das Ayasofya (Hagia Sophia) Museum: Das Wahrzeichen Istanbuls galt in Spätantike und Mittelalter als achtes Weltwunder. Zu besichtigen sind neben dem Hauptschiff mit seiner schwebenden goldenen Kuppel und ihren 40 Fenstern auch die Emporen, die bei den Byzantinern wie den Türken den Frauen vorbehalten waren. Im Hof des epochalen Bau- und Kunstwerks, das zum Unesco-Weltkulturerbe zählt, sind archäologische Funde ausgestellt.
Turist Danişma Ofisi • Tel. +90/212/465-3151 und -3547 • english.istanbul.gov.tr • Öffnungszeiten: Di–So 9–16 Uhr

51 Marais Poitevin, Frankreich

Bootsfahrten durch die Kanäle des »grünen Venedigs« sind bei einer Landpartie in die idyllische Sumpfregion an Frankreichs Westküste eine vergnügliche Pflicht. Angeboten werden Ausflüge zwischen ein bis drei Stunden, mit oder ohne Fluss-Schiffer, inklusive oder exklusive Verpflegung mit französischer Küche. Die Übernachtungsmöglichkeiten sind ebenso vielfältig, von der einfachen Pension über den Campingplatz bis hin zur Nobelherberge ist alles geboten. Die Stadt Niort liegt mit dem Auto ca. 400 km von Paris und 70 km von La Rochelle entfernt, die Anreise ist auch per TGV aus der französischen Hauptstadt oder mit dem Flugzeug über Poitiers und La Rochelle möglich.
Office de Tourisme du Marais Poitevin • Tel. +33/549358501 • www.marais-poitevin.com

52 Villa Malaparte auf Capri, Italien

Curzio Malaparte hieß eigentlich Kurt Erich Suckert, wurde 1898 in der Toskana geboren und ist 1957 in Rom verstorben. Sein Leben war bunt-bewegt: freiwilliger Soldat im ersten Weltkrieg, Attaché in Polen, Chefredakteur, Gründer einer Literaturzeitschrift, Korrespondent in Äthiopien und Kriegsberichterstatter im Zweiten Weltkrieg. Er wurde nach Lipari verbannt, lebte unter Hausarrest in der Toskana und auf Ischia. In seinen Romanen verarbeitete er die Brutalität des Krieges und mutierte im Laufe seines Lebens vom jungen Faschisten zum Kommunisten und Katholiken. Die Schriftstellerkollegen Jean Cocteau, Alberto Moravia und Albert Camus waren einst Gäste in dem historische Baudenkmal, das den Geist seines ursprünglichen Besitzers voll und ganz verkörpert. Malaparte vermachte das rote Haus auf dem schwer zugänglichen Felsen der kommunistischen Jugend der Volksrepublik China. Nach langem Rechtsstreit befindet sich die Villa heute wieder in Privatbesitz.
Turismo Isola di Capri • Tel. +39/81/8375308 • www.capritourism.com

53 Krka Wasserfälle, Kroatien

Ihre Schluchten und Wasserfälle gaben in den 1960er-Jahren eine prächtige Kulisse ab für die Filmabenteuer von Winnetou und Old Shatterhand: Die 72,5 km lange Krka fließt rund 45 km durch den gleichnamigen Nationalpark und mündet an der dalmatinischen Adriaküste bei Šibenik ins Meer. Neben vielen kleinen Wasserfällen hat sie acht große, sieben davon innerhalb des Nationalparks. Davon ist Roški Slap der weitläufigste und Skradinski Buk mit seinen 17 Stufen der größte. Auf dem Inselchen Visovac inmitten eines vom Fluss gebildeten Sees steht seit 1445 ein Franziskanerkloster. Der 109 km² große Nationalpark hat zwei Eingänge: Skradin und Lozovac. Die Anreise empfiehlt sich per Auto aus der etwa 20 bzw. 15 km entfernten Stadt Šibenik.
Kroatische Zentrale für Tourismus • Tel. +385/1/4699333 • www.croatia.hr

54 San Juan, Lanzarote

Mit bis zu 4 m hohen Wellen lockt auch im Winter das »Hawaii des Atlantiks«, die Anreise ist unkompliziert: Nach Arrecife verkehren zahlreiche Charterflüge. Für die Mitnahme eines Surfbretts (meist bis 30 kg) werden Zuschläge zwischen 50 € (Anmeldung vor dem Flug) und 100 € (Anmeldung am Checkin-Schalter) pro Strecke berechnet.
Patronato de Turismo • Tel. +34/928/811762 • www.turismolanzarote.com

Reiseinformationen

55 Ölüdeniz, Türkei

Das Ferienresort Ölüdeniz am türkis-aqua-marin-farbenen Meer liegt in der Provinz Muğla im Südwesten der Türkei, etwa 10 km entfernt von der Stadt Fethiye. Die blaue Lagune am Ägäischen Meer ist Naturreservat und die Bebauung nicht gestattet. Es herrscht angenehmes Mittelmeerklima mit milden Wintern und warmen Sommern, in denen das Thermometer schon einmal über 45° C klettern kann. Etliche Reiseveranstalter bieten Ölüdeniz in ihrem Programm an.
Türkische Republik, Kultur und Tourismus Ministerium • Tel. +90/312/3090850 • www.goturkey.com

56 Alhambra in Granada, Spanien

1492 endete die 700-jährige Regentschaft der Araber in Spanien und damit auch das friedliche, kulturell fruchtbare Zusammenleben von Juden, Christen und Muslimen. Boabdil, der letzte Maurenkönig, soll bitterlich geweint haben, als er die Alhambra und ihre Gärten verlassen musste. Die Paläste der Nasriden, Regierungssitz und Privaträume der arabischen Herrscher, sind das Herzstück des architektonischen Wunderwerks. Der Palast Karls des V., die Ruinen der Alcazaba-Zitadelle aus dem 13. Jh., der Sommerpalast (Generalife) außerhalb der Festungsmauern sind weitere Zeitzeugen auf der 3,5 km langen Tour durch die multikulturelle Vergangenheit der 13 ha großen Burganlage und ihrer Gärten, für die man ungefähr 3 Std. einplanen sollte.
Patronato de la Alhambra y Generalife • Tel. + 34/958/027971 • www.alhambra-patronato.es • Öffnungszeiten (außer 25. Dez. u. 1. Jan.) 8.30–20 (Sommer), 8.30–18 Uhr (Winter)

57 Fort Boyard, Frankreich

Die bizarre Festung im Atlantik mit dem ovalen Grundriss ist 61 m lang, 31 m breit und hat 20 m hohe Mauern. Fort Boyard kann nicht besichtigt werden, aber es werden Bootsausflüge aufs Meer angeboten, die einen Blick aus der Ferne auf das steinerne Schiff im blauen Atlantik ermöglichen, wie z. B. eine Fahrt von La Rochelle zur Insel Aix (April–Okt.).
Maison du Tourisme • Tel. +33/546856523 • www.ile-oleron-marennes.com

58 Lagune von Balos, Kreta

Die 8 km lange, unbefestigte Piste, die zum Badestrand und der blauen Lagune von Balos an der Westküste der Halbinsel Gramvousa führt, beginnt kurz hinter der Ortschaft Kaliviani. Sie schlängelt sich nordwärts am Küstenstreifen entlang, vorbei an der kleinen Kapelle Agia Irini, und endet am Parkplatz einer Taverne, von wo ein Pfad und Treppen in die Bucht hinabführen. Von Ende April bis Ende Oktober kann man den schönen Strand im Nordwesten Kretas auch von Kissamos per Schiff erreichen – mit Zwischenstopp auf der einstigen venezianischen Festungsinsel Gramvoussa.
Greece Tourism Organisation • Tel. +30/210/8707000 • www.visitgreece.gr

59 Canal Grande in Venedig, Italien

Gondeln statt Autos, Kanäle statt Straßen – Venedig und seine Wasserstraßen stehen seit 1987 auf der Liste des Unesco-Weltkulturerbes. Auf über 100 Inseln im flachen Meer wurde die Stadt und Inspiration vieler Künstler erbaut. Mehr als 400 Brücken halten sie zusammen und neben unzähligen Gassen durchziehen 150 Kanäle die Perle der Adria, unter ihnen der Canal Grande, 4 km lang, zwischen 30 und 70 m breit und bis zu 5 m tief. In der Lagunenstadt sind Autos, Motorräder und Fahrräder verboten und durch Motorboote oder Gondeln ersetzt – sogar Polizei und Feuerwehr sind mit ihnen unterwegs. Alle Gebäude Venedigs stehen praktisch auf Fundamenten aus Holzpfählen, die tief in den sandigen Schlick versenkt wurden. Unter dem Gewicht der Häuser sinkt die Stadt jedes Jahr um einige Millimeter tiefer in den Untergrund. In den vergangenen hundert Jahren waren es ca. 23 cm.
APT della Provincia di Venezia • Tel. +39/41/5298711 • www.turismovenezia.it

60 Nationalpark Paklenica, Kroatien

Der 95 km² große Nationalpark liegt etwa 50 km nordöstlich der Stadt Zadar im Velebit-Gebirgsmassiv an der kroatischen Adria. Er verfügt über ein Klettergebiet mit mehr als 400 unterschiedlich schwierigen Strecken. Die markierten Wanderwege sollten wegen immer noch existierender Landminengefahr nicht verlassen werden. Von Zagreb sind es ca. 240 km mit dem Auto, ab Zadar verkehrt ein Bus (45 Min.) nach Paklenica. Aus vielen europäischen Städten gibt es Flugverbindungen nach Zadar und vom italienischen Ancona aus eine Fährverbindung (8 Std.).
Paklenica National Park • Tel. +385/23/369-155 • www.paklenica.hr

61 Paros, Griechenland

Paros liegt im Zentrum der Kykladen. Mit Charter- oder Linienflug gelangt man bis nach Athen. Von dort fliegen kleine Maschinen (25–35 Min.) den Regionalflughafen von Paros an, oder Sie nehmen die Fähre vom Athener Hafen Piräus (Fahrzeit etwa 4 Std.). Greece Tourism Organisation • Tel. +30/ 210/870 70 00 • www.visitgreece.gr

Nordamerika

62 Golden Gate Bridge in San Francisco, USA

Mit ihren 75 Jahren schwingt sie sich noch immer in elegantem Art-déco über die Golden-Gate-Bucht. Das Wahrzeichen der Stadt San Francisco wiegt 887 000 Tonnen, die beiden 227 m hohen Stützpfeiler werden von 600 000 Nieten zusammengehalten, und jedes Jahr benötigt die Brücke geschätzte 20 000 bis 40 000 Liter der Rostschutzfarbe »International Orange«. 38 Mio. Fahrzeuge benutzten im letzten Jahr ihre sechs Fahrspuren – sie war bisher nur dreimal wegen starken Windes geschlossen. Und drei Babys erblickten auf ihr das Licht der Welt. San Francisco Travel, Visitor Information Center • Tel. +1/415/3 91 20 00 • www.sanfrancisco.travel

63 Jaws auf Maui, USA

Die zweitgrößte Insel des Archipels Hawaii bedeckt zu 75 % der Vulkan Haleakalā, über den restlichen Teil erstrecken sich die West Maui Mountains. Neben den weltberühmten Surf-Revieren fasziniert die Insel durch ihre landschaftliche Schönheit – mit üppiger Regenwaldvegetation, Wasserfällen in allen Größen, den dazugehörigen Badepools und ihren Nationalparks. Zum Maui Airport in Kahului gibt es Verbindungen von den anderen Inseln und vom amerikanischen Festland, z. B. aus Chicago, San Francisco, Los Angeles, Atlanta und Vancouver. Hawaii Tourism Authority • Tel. +1/808/9 23-18 11 • www.gohawaii.com/de/maui

64 Lake Superior, USA

Duluth in Minnesota (USA) und Thunder Bay (Kanada) sind die Ausgangspunkte für Naturliebhaber, um den Lake Superior und die diversen Nationalparks drumherum zu besuchen. Beide Städte werden aus Europa angeflogen. Anschließend geht es per Mietwagen weiter in die Abgeschiedenheit zum Angeln, Tauchen, Kanu fahren, Wandern, Bergsteigen oder Campen. Im Winter sind Outdoor-Abenteurer per Schneeschuh, Ski, Snowmobil oder Hundeschlitten unterwegs – die Temperaturen können bis auf minus 35° C sinken. Dann bietet sich eine Fahrt mit dem Auto oder dem Großraumschlitten über den zugefrorenen See nach Madeline Island an, Hauptinsel der Apostle Islands – das dunkle Wasser unter der meterdick zugefrorenen Eisschicht immer im Visier. Great Lakes USA • Tel. +49/21 04/28 66 72 • www.greatlakes.de

65 Grand Prismatic Spring, USA

Der Yellowstone National Park ist 9000 km² groß, 96 % seiner Fläche befinden sich in Wyoming, 3 % in Montana und 1 % in Idaho. In den drei Bundesstaaten der USA gibt es insgesamt fünf Zugänge zu dem 1872 gegründeten Park, den die Unesco 1978 zum Weltnaturerbe erklärte. In der vulkanogenen Landschaft befinden sich 62 % aller weltweit existierenden heißen Quellen und zwei Drittel aller Geysire. Das Grand-Prismatic-Spring-Becken etwa ist 75 x 91 m groß und rund 49 m tief. Aus seiner Quelle strömen pro Minute durchschnittlich 2000 l heißes Wasser. Das Gebiet mit seinen Wäldern, Seen und Bergen wird vom Yellowstone River durchzogen und ist die Heimat von Grizzlybären, Wölfen, Bisons und Wapitis. Yellowstone National Park Service • Tel. +1/3 07/3 44-73 81 (Bandinfo) • www.nps.gov/yell

66 Everglades-Nationalpark, USA

Vom nördlich gelegenen See Okeechobee fließt die 60 km breite, oft nur wenige Zentimeter tiefe und von Gras bewachsene Wasserstraße langsam bis an die äußerste Südspitze der Halbinsel Florida. Ein Teil des tropischen Marschlandes ist als Everglades-Nationalpark geschützt. Er ist u. a. Heimat von wilden Flamingos, Ibissen, Pelikanen und Kormoranen. Neben Alligatoren und Krokodilen leben auch Waschbären, Schlangen, Anhingas (Schlangenhalsvögel), Schildkröten, Seekühe und Pumas in der Region. Zwar gehört die einmalige Landschaft seit 1979 zum Weltnaturerbe, steht aber seit 1993 auch auf der Roten Liste

gefährdeter Gebiete der Unesco. Gründe dafür sind Umweltverschmutzung, Entwässerung, Landgewinnung und die Auswirkungen des Wirbelsturms von 1992.
Everglades National Park Service • www.nps.gov/ever

67 Seven Mile Bridge, USA

Der Oversea Highway dient nicht nur der Flucht vor Hurricanes, sondern kann auch in den Urlaub führen – auf eine der zahlreichen Koralleninseln der Keys, die sich auf einer Gesamtlänge von über 290 km vor der Südküste Floridas erstrecken. Tauchen und schnorcheln, angeln, segeln oder im türkisfarbenen Wasser baden – bei wohltemperierten 25,5° C kann das Leben sehr entspannend sein auf Key Largo, Isla Morada, Marathon, Big Pine Key & the Lower Keys oder Key West.
Monroe County Tourist Development Council • Tel. +1/0800/3525397 • www.fla-keys.com

68 Acapulco, Mexico

Fischer sollen die ersten gewesen sein, die den halsbrecherischen Sprung wagten, um im Riff verfangene Netze zu lösen. Zum Schausport mutiger Männer wurde das Klippenspringen erst ab 1934. An der Landseite des berühmten Felsens thront das ehemalige Luxushotel El Mirador. In den 1950er-Jahren managte es der Schweizer Swingmusiker Teddy Stauffer, der an gleicher Stelle auch den mondänen Nachtclub La Perla gründete und zum Treff von Stars und High Society machte. »Mr. Acapulco« integrierte die Klippenspringer in seine Show, und auch wenn das Hotel schon bessere Zeiten gesehen hat, bietet es noch immer einen guten Blick auf die Touristenattraktion, aus der mittlerweile ein internationaler Wettbewerb geworden ist: Im November finden jährlich die Weltmeisterschaften der Klippenspringer in La Quebrada statt.
Hotel Mirador Acapulco • Tel. +52/74/ 4483 11 55 • www.miradoracapulco.com • Vorführungen: tgl. 13, 19.30, 20.30, 21.30 und 22.30 Uhr

69 Mississippi, USA

Eine Reise auf dem Mississippi oder an seinen Ufern entlang ist eine Durchquerung Amerikas von Norden nach Süden – eine Reise durch zehn Bundesstaaten und die unterschiedlichsten Landschaften, voller Kultur und Geschichte. Vom schmalen Oberlauf am Itascasee im nördlichen Minnesota bis zu seiner Mündung in den Golf von Mexiko, 160 km südlich von New Orleans, nimmt er über 20 Flüsse auf, darunter Missouri, Meramec River und Ohio. Auf dem mächtigen Strom begann die Ära der Dampfschifffahrt. Er war Ausgangspunkt von Siedlertrecks gen Westen, Ursache von Flutkatastrophen, und Mark Twains Lausbuben Tom Sawyer und Huckleberry Finn erlebten zahlreiche Abenteuer an dem Fluss, dessen Name sich wahrscheinlich aus den Indianerwörtern »messe« für groß und »sepe« für Wasser ableitet.
Mississippi River Parkway Commission • www.experiencemississippiriver.com

70 Saut d'Eau, Haiti

Der Wasserfall liegt im Arrondissement Mirebalais, ca. 60 km nördlich der Hauptstadt Port-au-Prince. Wenn man über die Route Nationale #3 zu dem dreitägigen Festival fahren möchte, empfiehlt sich die Benutzung eines Allrad-Geländewagens. Allerdings warnt das Auswärtige Amt aus Sicherheits- und Gesundheitsgründen weiterhin vor Reisen in das 2010 vom Erdbeben stark zerstörte Land.

71 Crater Lake, USA

Der Crater-Lake-Nationalpark liegt im Süden des Bundesstaates Oregon. Zu ihm gehören der Vulkan Mount Mazama und sein fast 600 m tiefer Kratersee, der dem Park seinen Namen gab. Zwei Inseln ragen aus dem 8 x 9,6 km großen See: Phantom Ship Island (Geisterschiff-Insel) und Wizard Island (Zauberer-Insel) – letztere ist ein kleiner, inaktiver Vulkan, zu dem man Bootstouren machen kann. Darüber hinaus bietet der Park zahlreiche Wanderwege, Campingplätze und kleine Hütten. Angeln und Schwimmen sind erlaubt.
Crater Lake Nationalpark • www.nps.gov/crla

Südamerika

72 Iguazú-Wasserfälle, Brasilien/Argentinien

Schon der spanische Seefahrer Álvar Núñez Cabeza de Vaca, der 1542 als erster Europäer die Fälle entdeckte, war von ihrer Schönheit überwältigt. Als Yguazú, »Großes Wasser«, bezeichneten die Indianer einst das Naturwunder an der Grenze zwischen dem bra-

silianischen Bundesstaat Paraná und der argentinischen Provinz Misiones. Die meisten Wasserfälle des ca. 1320 km langen gleichnamigen Flusses liegen im argentinischen Nationalpark Iguazú, darunter auch die als »Teufelsrachen« bezeichnete Formation. Den besseren Blick bietet der brasilianische Nationalpark Iguaçu. Beide Parks wurden in den 1980er-Jahren zum Unesco-Welterbe ernannt. Die Anreise erfolgt meist über den argentinischen Cataratas del Iguazu International Airport oder den brasilianischen Foz do Iguaçu International Airport. Von dort gelangt man bequem per Auto oder Taxi in die jeweiligen Nationalparks. Eine Besichtigung des Ortes, der Präsidentengattin Eleanor Roosevelt einst den Ausruf »Poor Niagara!« (armer Niagara) entlockte, ist für wasserfeste Besucher per Schlauchboot möglich. Wer tiefer in die Tasche greifen will, nimmt den Helikopter.
Argentinien: Portal Oficial de las Cataratas del Iguazú • Tel. +54/3757/49 14 69 • www.iguazuargentina.com/english
Brasilien:
Parque Nacional do Iguaçu • Tel. +55/45/ 35 21 44 00 • www.cataratasdoiguacu.com.br

73 Gletscher Perito Moreno, Argentinien

Perito Moreno (1852–1919) war ein argentinischer Geograf, Anthropologe und Entdecker. Nach ihm wurde der gewaltige Gletscher benannt, der ein Teil des Campo de Hielo Sur ist, einem kontinentalen Gletschergebiet in den südamerikanischen Anden. Das Naturphänomen aus Eis ist Hauptattraktion des Nationalparks Los Glaciares im Südwesten der argentinischen Provinz Santa Cruz, an der Grenze zu Chile. Der 80 km entfernte Internationale Flughafen El Calafate wird regelmäßig von Aerolinas Argentinas aus Buenos Aires angeflogen. Die Reise mit dem Auto dauert etwas länger: Ca. 3000 km sind es von der argentinischen Hauptstadt bis zum Nationalpark.
Parque Nacional Los Glaciares • Tel. +54/ 29 02/4 91-0 90 • www.losglaciares.com

74 Praia do Sancho, Brasilien

Auf der Liste der schönsten Strände Brasiliens steht er bereits: Der Praia do Sancho an der Westseite von Fernando de Noronha, Hauptinsel des gleichnamigen vulkanischen Archipels, gilt als einer der herrlichsten Orte zum Baden und Tauchen. Dorthin zu gelangen gleicht allerdings einem kleinen Abenteuer: Man muss erst über eine schmale, in einen großen Felsblock eingelassene Metallleiter klettern, bis man die Steinstufen erreicht, die in der Bucht gleich gegenüber den Klippen der »Zwei Brüder« (Dois Irmãos) enden. Man kann aber auch über die Felsen des Nachbarstrands Praia dos Porcos klettern. Naturschutz wird auf der 18 km² großen Insel mit ihren 2500 Bewohnern großgeschrieben, so ist es z. B. verboten, Meeresschildkröten auch nur zu berühren. Und wenn sie zwischen Januar und Juni ihre Eier ablegen, ist der Zugang zum Strand von 18–6 Uhr früh untersagt. Die Inselgruppe, ein Geschenk des portugiesischen Königs an den Händler Fernando de Noronha, gehört zum Bundesstaat Pernambuco und wird regelmäßig ab Recife (550 km) oder Natal (ca. 400 km) angeflogen.
Administração de Fernando de Noronha • www.noronha.pe.gov.br

75 Osterinsel, Südostpazifik

Den Sinn der fast 900 mythischen Skulpturen haben Wissenschaftler bis heute nicht enträtselt. Sie gehen aber davon aus, dass sie berühmte Häuptlinge oder verehrte Ahnen darstellen, die in bestimmten Ritualen als Mittler zwischen Diesseits und Jenseits fungierten. Viele der monumentalen Gestalten aus Vulkangestein sind stark restaurierungsbedürftig, manche unvollendet. Sie befinden sich stets zu mehreren an ehemaligen Kultstätten, die für Besucher per Geländewagen oder Pferd, für trainierte Wanderer auch zu Fuß erreichbar sind. Einsam liegt die Osterinsel oder Rapa Nui, seit 1995 Teil des Unesco-Weltkulturerbes, im Südpazifik. Von Tahiti trennen sie 4200 km, bis nach Chile sind es 3500 km oder 5 Std. Flug ab der Hauptstadt Santiago.
Tourismusportal von Prochile • Tel. +49/40/ 33 58 35 • www.chileinfo.de

76 Laguna Colorada, Bolivien

Die flache, 60 km² große, lachsrote Lagune liegt im Nationalpark Abaroa im Süden Boliviens an der Grenze zu Chile. In der vulkanogenen Landschaft des Reservats finden sich zahlreiche heiße Quellen und Geysire. Eine touristische Infrastruktur fehlt bislang. Das abgelegene Gebiet ist nur mit Allrad-Jeeps aus dem etwa 350 km nordöstlich gelegenen Uyuni erreichbar oder aus dem chilenischen San Pedro de Atacama.

77 Rio Xingu, Brasilien

18 Mrd. Dollar soll das Wasserkraftwerk Belo Monte am Rio Xingu kosten, 20 000

Menschen müssen dazu umgesiedelt, 80 % des Flusses abgeleitet werden und 500 m² Amazonas-Regenwald werden in den Fluten versinken. Dieses Vorhaben gefährdet nach Auffassung der Forscher auch die Vernetzung des Amazonas-Beckens und damit die Regenwaldbestände. Zahlreiche Organisationen und Prominente engagieren sich gegen das Vorhaben, unter ihnen der alternative Nobelpreisträger Erwin Kräutler, Bischof der Diözese Xingu, und Popsänger Sting. Ferner bekommt die NGO (Nichtregierungsorganisation) Amazon Watch Unterstützung von »Titanic«-Regisseur James Cameron sowie Schauspielerin Sigourney Weaver. Und Antonia Melo von der Bewegung »Xingu Vivo para Sempre« stehen der Sänger Gilberto Gil und weitere Kollegen zur Seite.

Amazon Watch • Tel.+1/415/4879600 • www.amazonwatch.org
Survival für indigene Völker • Tel. +49/30/ 7229 3108 • www.survivalinternational.de
Xingo vivo para sempre • www.xinguvivo.org.br (port.)

78 Laguna Miñiques, Chile

Die Laguna Miñiques liegt im Hochland der Atacamawüste im Norden Chiles, etwa 280 km östlich von Antofagasta entfernt. Sie ist ebenso wie die Nachbarlagune Miscanti bequem per Tagestour vom ca.120 km entfernten San Pedro de Atacama aus zu erreichen.

79 Salto Ángel, Venezuela

Die Wassermassen des Salto Ángel stürzen vom Tafelberg Auyan-Tepui zu Tal. Er liegt auf der Hochebene von Gran Sabana und ist Teil des Nationalparks Canaima im Bundesstaat Bolívar, Venezuela. Vorbei an Bergen und Hochplateaus und mitten durch den Urwald führt die Fahrt mit dem Kanu den Rio Carrao flussaufwärts. Dann schließt sich ein Fußweg bis zum Wasserfall an. Die Gesamtdauer der Tour beträgt ca. 4 Std. Die meisten Rundflüge starten vom Flughafen der Stadt Bolívar, wo vor dem Terminal der restaurierte Flieger ausgestellt ist, mit dem Jimmie Angel einst den Entdeckerflug unternahm und der mit einer Bruchlandung endete. Wasserfall und Berge sind den Pemón-Indianern heilig, aber es wird immerhin darüber diskutiert, ob man dem Naturwunder nicht seinen ursprünglichen Namen Kerepakupai merú wieder zurückgeben solle.

Instituto Nacional de Parques • Tel. +58/212/2732811 • www.inparques.gob.ve (span.)

80 Galápagos-Inseln, Ecuador

Tourismus- und Fischereiindustrie bieten Verdienstmöglichkeiten und sind zugleich die größte Gefahr für die Galápagos-Inseln, eines der letzten Paradiese über 1000 km westlich von Südamerika. Denn immer wieder kommt es zu Konflikten zwischen den ökologischen Interessen der Naturschützer und den ökonomischen der Fischer. Veränderte Meeresströmungen und Niederschlagsmengen, eingeführte fremde Tierarten, Parasiten und Krankheiten stören zusätzlich das Ökosystem dieses Archipels im Pazifischen Ozean, der aus 14 größeren und über 100 kleineren Inseln besteht und zu Ecuador gehört. Für das Betreten der Inseln und Befahren der Gewässer gelten besondere Bestimmungen, der Naturschutz ist streng, Landwirtschaft, Fischerei und Luftfahrt sind reglementiert. Auch die Besucherströme und der Zuzug auf die fünf besiedelten Inseln mit ihren 24000 Einwohnern sind mittlerweile stark eingeschränkt. In Puerto Ayora auf Santa Cruz, wo einst Charles Darwin Teile seiner Evolutionstheorie entwickelte, wacht die Nationalparkverwaltung über die Einhaltung der Regeln. Aber noch immer gelten mehr als die Hälfte aller endemischen Tierarten und jede fünfte Pflanzenart als bedroht.

Parque Nacional Galápagos • Tel. +593/5/ 2526189 • www.galapagospark.org

81 Titicaca-See, Peru/Bolivien

Etwas festeren Boden unter den Füßen als das indigene Volk der Urus, welche die ca. 20 mobilen Inseln nahe der Stadt Puno bewohnen, haben die Quechua mit ihren strickenden Männern. Sie leben auf den Inseln Taquile und Amantaní im westlichen, zu Peru gehörenden Teil des Sees. 25 Flüsse strömen in das über 8000 km² große Gewässer auf der Hochebene der Anden, dem Altiplano. Der Rio Desaguadero ist sein einziger Abfluss. Der kleinere, östliche Teil des Titicaca-Sees gehört zu Bolivien. Dort liegen die Isla de la Luna (Mondinsel) und die Isla del Sol (Sonneninsel), auf der ein weißer bärtiger Gott einst das erste Inka-Paar, Manco Cápac und seine Frau Mama Ocla erschaffen haben soll.

Tourismus Information der Republik Peru • Tel. +511/574/8000 • www.peru.travel

Afrika

82 Oase Umm al-Maa, Libyen

Leider ist ein Besuch des Dünenmeers mit den Mandara-Seen oder der meisterhaften frühgeschichtlichen Felsmalereien zur Zeit gefährlich. Das Auswärtige Amt warnt vor Reisen nach Libyen, da die Lage im Land weiter unübersichtlich und daher nicht sicher sei. Auswärtiges Amt Berlin • Tel. +49/30 18/ 17-0 • www.auswaertiges-amt.de

83 Assalsee, Dschibuti

Der Golf von Aden speist die unterirdischen Quellen des Sees, dessen hoher Salzgehalt das Ergebnis von Verdunstung ist. Das gewonnene Salz aus dem 57 km² großen Assalsee wird nach Äthiopien verkauft. Die Salzversorgung Dschibutis, ein hochgradig unterentwickeltes und armes Land Ostafrikas, ist jedoch von Importen abhängig. Touristische Infrastrukturen sind kaum entwickelt, Genehmigungen für Reisen ins Inland nicht notwendig. Amtssprachen: Französisch und Arabisch. Informationen der nationalen Tourismusbehörde • Tel. +253/21 35 28 00

84 Okavangodelta, Botswana

Die Natur hat es perfekt so eingerichtet, dass das zufließende Wasser vom 1700 km langen Okavango seinen Höchststand im Binnendelta während der Trockenzeit (April–Nov.) erreicht. Dauerhafte, zeitweilige, seltene oder keine Überflutung des in dieser Zeit auf 20 000 km² vergrößerten Gebietes bestimmen die vielfältige Flora und Fauna. 1300 verschiedene Pflanzen wachsen hier, darunter zahlreiche Papyrusarten. Im und am Wasser lebende Tiere wie Fische, Amphibien, Reptilien, Flusspferde und Nilkrokodile teilen sich den Lebensraum mit zahlreichen Vogelarten und anderen Zuwanderern: So zieht es etwa Elefanten, Büffel, Gnus, Löwen und Leoparden während der Trockenzeit aus dem Umland des Deltas an die Wasserstellen. Das im Nordwesten von Botswana gelegene Binnendelta ist geschütztes Gebiet mit mehreren Wildreservaten. Botswana Tourism • www.botswanatourism.co.bw

85 Chapman's Peak Drive, Südafrika

Traum aller Fotografen und Eldorado der Motorradfahrer, schlängelt sich die Küstenstraße südlich von Kapstadt zwischen Meeresabgrund und hoch aufragendem Fels von Hout Bay nach Noordhoek über den Chapman's Peak, einen 160 m hohen Aussichtspunkt mit paradiesischem Panorama. 1922 eröffnet, 2003 komplett saniert, kostet der Eintritt ins Vergnügen 22 Rand (2,20 €) für Motorradfahrer, 335 R (33 €) für große Busse und 33 R (3,30 €) für Autos. Chapman's Peak Drive • Tel. +27/21/ 79 09 163 • www.chapmanspeakdrive.co.za

86 Feluken auf dem Nil, Ägypten

Wer auf einem der traditionellen Boote entspannt und friedlich den Nil entlangsegeln möchte, kann dies bei der Buchung einer Reise beim Veranstalter anmelden oder sich vor Ort direkt an einen Felukenkapitän am Hafen wenden. Es empfiehlt sich Preis, Route und Dauer der Fahrt auszuhandeln, ehe man an Bord geht. Auch Hotels vermitteln Kontakte. Ägyptisches Fremdenverkehrsamt • Tel. +49/69/25 21 53 • de.egypt.travel

87 Anse Source d'Argent, Seychellen

Anse Source d'Argent, angeblich der meistfotografierte Strand der Welt, liegt auf La Digue, die zur Inselrepublik Seychellen gehört. Die Insel liegt im Indischen Ozean vor der ostafrikanischen Küste, nördlich von Madagaskar. Autos fahren auf La Digue nicht, gebräuchliche Verkehrsmittel sind von Ochsen gemächlich gezogene Karren. Es ist jedoch möglich, die idyllische Insel auch mit einem gemieteten Fahrrad zu erkunden oder über einen Weg zu erwandern, der zum höchsten Punkt (333 m N.N.), dem »Adlernest« (Nid d'Aigles), mit traumhaftem Ausblick führt. 115 Inseln gehören zu den Seychellen. Auf Mahé, der größten, befinden sich die Hauptstadt Victoria und der internationale Flughafen, den weltweit zahlreiche Gesellschaften anfliegen. Air Seychelles oder Boote verbinden die Inseln des Archipels, der auch ein beliebtes Kreuzfahrtgebiet ist. Seychelles Tourism Board • Tel. +248/ 46 71 3 00 • www.seychelles.travel

88 Sansibar, Tansania

Der Archipel besteht aus den beiden Nachbarinseln Unguja (ehemals Sansibar) und Pemba mit ihren Nebeninseln sowie der kleinen Latham-Insel. Gesprochen wird Swahili und Arabisch, Englisch ist Amtssprache. Öffent-

licher Nahverkehr existiert nicht, stattdessen fahren private Sammeltaxen. Vom Zanzibar International Airport, ca. 6 km südlich von Sansibar-Stadt (Unguja), gibt es regelmäßige Flugverbindungen nach Europa und Daressalaam, der größten Stadt Tansanias. Von dort aus verkehren auch Fähren nach Unguja (Dauer ca. 1,5 Std.) und Pemba (Dauer ca. 3 Std.). Für den Aufenthalt in Sansibar benötigen Besucher ein Visum.
Commission for Tourism Zanzibar • Tel. +255/ 242 23 34 85 • www.zanzibartourism.net

89 Hassan-II-Moschee in Casablanca, Marokko

Der französische Architekt Michel Pinseau entwarf den monumentalen Sakralbau an der Atlantikküste. Traditionelles Handwerk und moderne Technik, Religiöses und Weltliches treffen in der 1993 fertiggestellten Moschee mit dem 210 m hohen Minarett aufeinander. Neben einem 20 000 m² großen Gebetssaal, in dem bis zu 25 000 Menschen Platz finden, gibt es Konferenzräume, ein Museum und ein Hamam. Mosaike, bemalte Decken und Stuck zeigen handwerkliches Können, die Bibliothek steht über Satellit mit anderen Bibliotheken weltweit in Verbindung. Das Gebäude gilt als erdbebensicher und verfügt über eine Fußbodenheizung. Rund 30 000 Handwerker und Ingenieure arbeiteten sechs Jahre lang an dem durchaus umstrittenen, sogenannten »Geschenk des Volkes« an den despotischen Herrscher Marokkos. Denn gigantisch wie das Gebäude waren in den 1990er-Jahren auch die durch Steuern finanzierten Baukosten in dem damals ärmsten Land Nordafrikas, mit 50 %

Analphabetentum und 20 % Arbeitslosigkeit.
Infobörse Deutsch-Marokkanischer Freundeskreis e.V. und die Marokkanisch-Deutsche Gesellschaft, Rabat • Tel. +49/21 64/9 49 2 90 • www.marokko.com

90 Victoriafälle, Simbabwe

David Livingstone, schottischer Missionar und Afrikareisender, war überwältigt von der unvorstellbaren Schönheit der Wasserfälle des Sambesi zwischen den Grenzstädten Victoria Falls in Simbabwe und Livingstone in Sambia – und benannte sie nach Queen Victoria.
Vor den Fällen münden mehrere Nebenflüsse in den Sambesi. Besonders nach der Regenzeit von März bis Juli führt er viel Wasser. Unvorstellbare 110 Mio. Liter pro Sekunde ergießen sich auf einer Breite von 1708 m über eine 110 m steil abfallende Felswand. Ständiger Sprühnebel, der »Donnernde Rauch«, steigt bis zu 300 m hoch und ist noch in 30 km Entfernung zu sehen. Ihm verdankt der umliegende Regenwald seine Existenz. Der Wasserfall des Sambesi ist seit 1989 Unesco-Weltnaturerbe und gehört zum grenzüberschreitenden, mit ca. 70 km² relativ kleinen Mosi-Oa-Tunya-Nationalpark.
Zambia Tourism Board • Tel. +260/ 2 13 32 14 04 • www.zambiatourism.com

91 Sha'ab al Su'adi Riff, Sudan

Die Anreise in das Taucherparadies erfolgt meist per Flieger über Kairo und Khartum, Hauptstadt des Sudan, und weiter bis zur 700 km entfernten Hafenstadt Port Sudan am Roten Meer. Das Auswärtige Amt weist allerdings auf deutlich erhöhte Anschlags- und

Entführungsrisiken hin, v. a. in Gebieten, die stark und regelmäßig von westlichen Touristen frequentiert werden.
Auswärtiges Amt Berlin • Tel. +49/30 18/ 17-0 • www.auswaertiges-amt.de

Asien

92 Andamanen-Inseln, Indien

Havelock Island mit dem schwimmenden Elefanten am Strand No. 7 ist nur eine von 298 Inseln der Andamanen. Einst Jagdgebiet von Sklavenhändlern, später Kronkolonie Großbritanniens und Verbannungsort für Gefangene, öffnet sich das Gebiet mit seinen einzigartigen Stränden und Tauchmöglichkeiten behutsam dem Tourismus. 90 % des Archipels sind geschützter Nationalpark oder gesperrte Reservate, um die durch Kolonisation und Krankheiten stetig dezimierten Ureinwohner zu schützen. Port Blair, der Hauptort wird von Bangkok, Kalkutta und Chennai aus angeflogen, eine Schiffsverbindung besteht nach Kalkutta, Chennai oder Visakhapatnam, die Reise dauert ca. vier Tage. Nicht-indische Besucher benötigen ein Visum. Zwischen den einzelnen Inseln verkehren Fähren.
India Tourism Frankfurt • Tel. +49/69/ 24 29 49-0 • www.india-tourism.de

93 Suncheonman-Bucht, Südkorea

Die ökologische Schatzkammer der im Süden des Landes gelegenen Provinz Jeolla-

nam-do kann auf Wanderwegen oder bei Flut mit dem Schiff durchstreift werden. Im Suncheonman-Ökopark befindet sich außerdem ein Informationszentrum mit Observatorium. Den schönsten Blick bietet die Aussichtsplattform Yongsan, zu der ein Wanderweg hinaufführt. Um Suncheon zu erreichen, können Besucher von Gimpo oder Seoul nach Yeosu fliegen, von dort fährt ein Flughafenbus weiter nach Suncheon.
Tourist Information Suncheonman Bucht • Tel +82/61/7 44 81 11 • www.suncheonbay. go.kr/germany/html/main/main.jsp • Öffnungszeiten des Ökoparks: 9–22 Uhr, Mo geschl.

94 Ganges in Varanasi, Indien

In der Pilgerstadt Varanasi, auch Kashi oder Benares genannt, spielt sich das religiöse Leben, aber auch der Alltag am Fluss und den Ghats ab, jenen jahrhundertealten Uferbefestigungen, deren Stufen sich über Kilometer den Ganges entlangziehen. Tausende von Hindus versammeln sich hier bei Sonnenaufgang, um das wichtige rituelle Reinigungsbad zu nehmen. Traurige Realität ist jedoch, dass der 2600 km lange Ganges, der vom Himalaya in den Golf von Bengalen fließt und Indiens heiligster Fluss ist, weltweit zu den am stärksten verschmutzten Flüssen gehört. Das 3500 Jahre alte Varanasi mit seinen zahlreichen Tempeln liegt im Nordosten Indiens. Es hat ca. 1,2 Mio. Einwohner und gehört zum Bundesstaat Uttar Pradesh.
Uttar Pradesh Government Tourist Office • Tel. +91/5 42/2 50 66 70 • www.up-tourism.com

95 Mondsichelsee, China

Die ehemalige Seidenstraße verband das Mittelmeer mit China und hatte eine Länge von über 8000 km – davon führte mehr als die Hälfte der Strecke durch das Reich der Mitte. Die beeindruckenden Wüstenformationen mit dem Mondsichelsee liegen an der nördlichen Route, 5 km südöstlich von Dunhuang in der chinesischen Provinz Gansu. Ein Besuch der Oase ist heute schneller möglich als zu Zeiten Marco Polos, denn zwischen Peking und Dunhuang existiert eine Flugverbindung, weiter geht es anschließend per Auto oder Bus.
Fremdenverkehrsamt der VR China • Tel. +49/69/52 01 35 • www.china-tourism.de

96 Koh Poda, Thailand

Die Stadt Krabi in der gleichnamigen Provinz liegt etwa 850 km südlich von Bangkok. Aus München und Wien verkehren Direktflüge ebenso wie aus Bangkok, der Insel Koh Samui, Kuala Lumpur (Malaysia) und Singapur. Vom internationalen Flughafen gelangt man per Shuttle oder Taxi in die Stadt. Auch Züge oder klimatisierte Busse fahren aus der thailändischen Hauptstadt bis nach Krabi. Von dort aus gibt es einen Bus (Dauer 1 Std.) bis zum Ao Nang Pier, wo Boote nach Koh Poda übersetzen.
Krabi Tourism • Tel. +66/8/60 77 12 57 und + 66/8/68 10 34 13 • www.krabi-tourism.com

97 Li Jiang, China

Wer zum »Treffpunkt der fantastischen Landschaften« am 437 km langen Li-Fluss im Guangxi-Gebiet möchte, kann den Guilin-Luong Giang International Airport direkt u. a. von Beijing, Hong Kong oder Shanghai anfliegen. Internationale Verbindungen gibt es z. B. auch von Bangkok, Kuala Lumpur, Seoul oder Singapur aus. Zwischen dem Flughafen und der Innenstadt besteht ein Shuttleservice, die An- und Abreise ist auch mit einem Taxi möglich.
Guilin Tourist • Tel. +86/7 73/2 80 03 18 • www.guilintourist.com

98 Floating Market in Damnoen Saduak, Thailand

Früh aufstehen muss, wer in das exotische Gemisch aus Farben, Gerüchen und Geräuschen des Floating Markets in Damneon Saduk eintauchen will, denn dieser liegt ca. 100 km südwestlich der thailändischen Hauptstadt und ist nur von 7–11 Uhr geöffnet. Hotels bieten oft einen Shuttleservice an, vom öffentlichen Southern Bus Terminal fährt der erste Bus um 6 Uhr früh ab. Der Markt besteht aus einfachen, auf Stelzen gebauten Holzhütten, zwischen denen Kanäle fließen. Das Gebiet lässt sich zu Fuß oder mit einem gemieteten Boot erkunden. Handeln verschafft Respekt und empfohlen wird, etwa ein Drittel des geforderten Preises zu zahlen.
Thailändisches Verkehrsamt • Tel. +49/69/13 81 39-0 • www.thailandtourismus.de

99 Yehliu Geopark, Taiwan

Der Geopark Yehliu liegt im Nordwesten Taiwans, westlich von Keelung, und ist etwa eine Autostunde von Taipeh entfernt. Viele Hotels organisieren Bustouren, von Keelung und

Taipeh verkehren auch öffentliche Busse. Ein früher Besuch empfiehlt sich, wenn man dem starken Besucherandrang entgehen möchte.
Yehliu Geopark •
Tel. + 886/2/2492 2016 •
www.ylgeopark.org.tw/ENG/info •
Öffnungszeiten: tgl. 8–17 Uhr

100 Pongour Falls, Vietnam

Der Pongour-Wasserfall ergießt sich über eine 150 m breite, bogenförmige Felsformation und rauscht aus etwa 30 m Höhe in die Tiefe. Er liegt etwa 55 km außerhalb von Da Lat, 7 km abseits des Highway 20 im zentralen Hochland. Zum ersten Vollmond eines neuen Jahres findet dort ein Festival statt, bei dem Männer und Frauen versuchen, über die Stufen den Wasserfall zu besteigen. Von Ho Chi Minh City oder Hanoi aus gibt es eine Flugverbindung nach Da Lat, von dort aus geht es dann per Motorrad oder Auto weiter zum Wasserfall.

101 Hotel Taj Lake Palace in Udaipur, Indien

Das Luxushotel, Drehort des James-Bond-Films »Octopussy« und in diesem Schlupfwinkel der Titelheldin, verfügt über 66 Zimmer und 17 Suiten mit Blick auf den Stadtpalast am Seeufer sowie Swimming Pool, Fitnesscenter und Spa. In zwei Restaurants können Gäste sowohl indische als auch internationale Küche genießen.
Hotel Taj-Lake-Palace •
Tel.+91/294/242 88 00 •
www.tajhotels.com/Luxury/
Grand-Palaces-And-Iconic-Hotels/
Taj-Lake-Palace-Udaipur

Ozeanien

102 Tupai-Atoll und Tahiti, Französisch-Polynesien

118 Inseln in fünf verschiedene Archipele aufgeteilt bilden das französische Übersee-Territorium Französisch-Polynesien im Pazifischen Ozean. So trennen Tahiti, mit der Hauptstadt Papeete, und Tupai 460 km, während Tupai wiederum 13 km von Bora Bora entfernt liegt. Gemeinsam jedoch gehören sie zum Hauptarchipel der »Gesellschaftsinseln«. Tupai, mit doppelter Lagune und Palmenhainen, fasziniert nicht nur durch seine Unterwasserwelt – von August bis November sind hier auch vorbeiziehende Buckelwale gut zu beobachten. Verschiedene Gesellschaften fliegen die Hauptinsel Tahiti an (Flugdauer 20 Std.), zwischen den Inseln verkehren Linienflüge (Air Tahiti) oder Katamarane und Fähren.
Tahiti Tourisme • Tel. + 49/4101/
6968802 oder +689/505746 •
www.tahiti-tourisme.de

103 Twelve Apostles, Australien

Vorbei an Meer und Sandstränden, Ferienorten und Surferparadiesen, bisweilen ein wenig landeinwärts durch Regenwälder verläuft die Great Ocean Road – das sind 243 km Roadmovie entlang der australischen Südküste zwischen Torquay und Allansford im Bundesstaat Victoria. Bei Princetown passiert sie den Twelve Apostles Marine National Park, der 17 km Küstenlandschaft inklusive der Apostel

und weiterer Felsformationen schützt. Doch die starke Brandung hat hier nicht nur Felsen zu Skulpturen geformt, es sind auch mehr als 80 Schiffe gesunken, weswegen dieser Abschnitt auch Shipwreck Coast, Schiffbruch-Küste, genannt wird.
Twelve Apostles Marine National Park •
Tel. +61/3/86 27 47 00 • www.parkweb.vic.
gov.au/twelve-apostles-marine-national-park

104 Lake Tekapo, Neuseeland

Der türkisfarbene See ist der östlichste von drei Gletscherseen. Er liegt 700 m über dem Meeresspiegel, erstreckt sich 25 km von Norden nach Süden und hat eine maximale Breite von 6 km. Bis zum Flughafen Christchurch sind es etwa 250 km. Die gleichnamige Stadt am Südufer ist gut über den Highway 8 zu erreichen, der sie mit Queenstown verbindet. Die Zeitverschiebung beträgt +12 Std. (GMT).
Lake Tekapo Information •
www.laketekapountouched.co.nz

105 Whitsunday Islands, Australien

Die Kinderstube der Buckelwale im Korallenmeer ist geschütztes Gebiet, die meisten Inseln gehören zum Whitsunday-Islands-Nationalpark und sind als Teil des Great Barrier Reef vor der Küste des Bundesstaates Queensland Weltnaturerbe der Unesco. Zwischen den Inseln, die in vier Gruppen zusammengefasst werden (Whitsunday, Lindeman, Molle und Northern Island Group) liegt ein 35 000 km² großer Marine Park. Es herrscht das ganze Jahr über tropisches Klima mit Durchschnittstemperaturen von 27,2 °C, das Wasser ist ganzjährig 20–24 °C warm. Hamilton Island

wird täglich aus Sydney, Brisbane und Cairns (Dauer 1,5–2 Std.) angeflogen, zwischen den Inseln verkehren regelmäßig Fähren.
Whitsunday Tourist Information •
Tel. +61/7/49 46 62 09 •
www.tourismwhitsundays.com.au

106 Great Barrier Reef, Australien

Das größte Korallenriff der Erde besteht aus über 2900 Einzelriffen, knapp 1000 Inseln und zahlreichen Sandbänken. Es erstreckt sich auf einer Länge von 2300 km vor der Nordostküste Australiens im Südpazifik. Die Fläche des höchst sensiblen Ökosystems beträgt etwa 347 800 km² und ist sogar vom Weltall aus erkennbar. Von Cairns und Airlie Beach auf dem Festland sind Ausflüge per Boot oder Flugzeug möglich, Tiefseetauchen empfiehlt sich wegen der Gefahr durch Riff-Haie oder Muränen nur in durch Netze geschützten Gebieten. Um eines der großen Wunder dieser Welt zu erhalten, appelliert die Verwaltung des Great Barrier Reef Marine Parks an die Besucher, ausschließlich zertifizierte Reiseveranstalter auszuwählen und sich verantwortungsvoll zu verhalten. Näheres dazu auf der englischen Internetseite des Marine Parks unter: Visit the Reef.
Great Barrier Reef Marine Park •
Tel. +61/7/47 50 07 00 •
www.gbrmpa.gov.au

107 Milne Bay, Papua-Neuguinea

800 verschiedene Eingeborenen-Sprachen auf mehr als 600 Inseln: 160 km nördlich von Australien liegt ein buntes, lebhaftes Land. Papua-Neuguinea lockt mit Festivals und Shows

in 20 Provinzen, Bergen und Regenwald im Hochland, Sandstränden und Koralleninseln am Meer. Milne Bay mit der gleichnamigen Bucht und der Hauptstadt Alotau ist eine der Provinzen des exotischen Reiseziels. Europäer erreichen sie über Australien (Cairns, Sydney, Brisbane), Singapur, Hongkong, Tokio oder Manila. Zielflughafen ist der Jackson's International Airport von Port Moresby in Papua-Neuguinea. Von hier bringt einen die Inlandsfluglinie Air Niugini zu diversen Zielen des Landes.
Papua New Guinea Tourism •
Tel. +6 75/320/02 11 •
www.papuanewguinea.travel

108 Champagne Beach, Vanuatu

Champagne Beach ist ein im Nordosten der Pazifikinsel Espiritu Santo gelegener Sandstrand. Ein Traumziel für Taucher, Angler und Müßiggänger. Mit 3777 km² ist Espiritu Santo die größte Insel der Republik Vanuatu.
Vanuatu Tourism Office Australia •
Tel. +61/2/90 28 50 86

109 Aitutaki, Cook Islands

Das Paradies im Südpazifik gehört mit 14 Schwesterinseln zu den Cook Islands, die 3200 km nordöstlich von Neuseeland liegen. Hauptstadt ist Avarua auf Rarotonga – und Königin Elisabeth II. Staatsoberhaupt der konstitutionellen Monarchie. Fast 90 % der Bevölkerung gehören zu den indigenen Maori. Die Inselbewohner leben von Tourismus, Fischfang und Landwirtschaft. Rarotonga wird aus Los Angeles, Sydney, Tahiti, Christchurch und Auckland angeflogen, die landes-

eigene Air Rarotonga verbindet alle Inseln untereinander.
Cook Islands Turism • www.cookislands.travel

110 Milford Sound, Neuseeland

Der Schriftsteller Rudyard Kipling bezeichnete den Ort schon 1900 als »achtes Weltwunder«. Die grandiose Fjordlandschaft und der mit Moosen und Farnen bewachsene Zauberwald auf der Südinsel Neuseelands sind Teil des Fiordland National Parks. Das 12 500 km² große Gebiet, Filmkulisse von »Herr der Ringe«, gehört seit 1990 zum Weltnaturerbe der Unesco und bietet insgesamt über 648 km Wanderwege.
Fiordland National Park • Tel. +64/3/2 49 79 24 • www.doc.govt.nz/parks-and-recreation/national-parks/fiordland

111 Opera House, Australien

Die Sandsteinfelsen der Hafeneinfahrt von Sydney und Bauten der Maya inspirierten Jørn Utzon beim Entwurf des Sydney Opera House. Das markante Gebäude mit dem hohen muschelförmigen Dach war seiner Zeit weit voraus, als es am 20. Oktober 1973 von Königin Elisabeth II. eröffnet wurde. Fünf Theater mit insgesamt 5532 Sitzen, ein Kino, fünf Probestudios, vier Restaurants und sechs Bars befinden sich unter dem 67 m hohen Dach, welches mit 1 056 000 weißglasierten, aus Schweden importierten Keramikkacheln verkleidet ist. Jährlich finden hier ca. 2500 Veranstaltungen mit etwa vier Millionen Besuchern statt.
Sydney Opera House •
Tel. +61/2/92 50 71 11 •
www.sydneyoperahouse.com

Impressum

TRAVEL HOUSE MEDIA
Abteilung Industrie & Lizenzen
Grillparzerstraße 12
D-81675 München

Bei Interesse an maßgeschneiderten Projekten:
veronica.reisenegger@travel-house-media.de
Tel. 089/4500099 12

Bei Interesse an Anzeigenschaltung:
bianca.jasny@travel-house-media.de
Tel. 089/4500099 52

Wir danken allen, die an diesem Buch mitgewirkt
und die Produktion unterstützt haben. Unser Dank
gilt der Firma Hansgrohe, insbesondere Philippe
Grohe, Dr. Carsten Tessmer und Sibylle Roming,
ohne die dieses Buch nicht zustande gekommen wäre.

PROGRAMMGESCHÄFTSLEITUNG
Dr. Stefan Rieß

PROJEKTLEITUNG
Verónica Reisenegger

IDEE UND KONZEPT
Verónica Reisenegger, Eva Stadler, Axel Nowak

REDAKTIONSLEITUNG
Axel Nowak

REIHENGESTALTUNG UND LAYOUT
Eva Stadler, München

SCHLUSSREDAKTION
Tina Schreck

BILDREDAKTION
Axel Nowak, Eva Stadler, Nora Goth

AUTOREN
Bildtexte und Bildunterschriften:
Gisela Buddée, Julia Richter, Verónica Reisenegger
Reiseinformationen: Julia Richter

PRODUKTION
Bettina Häfele, Gloria Schlayer

REPRO
Repro Ludwig, Zell am See

DRUCK UND BINDUNG
Druckhaus Kaufmann, Lahr

© 2013 TRAVEL HOUSE MEDIA GmbH, München
MERIAN ist eine eingetragene Marke der GANSKE
VERLAGSGRUPPE

ISBN 978-3-8342-1430-0

1. Auflage

BILDNACHWEIS

Titel: Jody MacDonald
4 Eva Stadler, 22/23 Karl Johaentges/Look, 24 Jahres-zeiten Verlag/Arthur F. Selbach, 25l Karl Johaentges/Look, 25r Carasana, 26 laif/Berthold Steinhilber, 27 Mauritius/Norbert Rosing, 28 laif/Marcus Vogel, 29 Pfahlbaumuseum Unteruhldingen, PM/Schellinger, 30o Seatops.com/Herbert Frei, 30u Florian Werner/Look, 31l Fotolia/Ansebach, 31r Tourismusamt München/D. Verstl, 32–37 www.aldebaran.org, 40/41 Jahreszeiten Verlag/Gerald Hänel, 42 Eva Stadler, 43l iStockphoto/Marco Regalia, 43r Peter Ginter/Science Faction/Corbis, 44 Per Eide/visitnorway.com, 45 Shutterstock/Dibrova, 46 Corbis/Riccardo Spila/Grand Tour, 47o laif/Hartmut Krinitz, 47u Mauritius/Age, 48/49 The Travel Library/Look, 50o Bernd Bieber/BBC Bieber Brand Communication, 50u laif/Frank Heuer, 51 laif/Markus Kirchgessner, 52o Bildagentur Huber/Gräfenhain, 52u SuperStock/Nordic Photos, 53 laif/Tobias Gerber, 54 Jahreszeiten Verlag/Klaus Bossemeyer, 55 Bildagentur Huber/Römmelt, 56/57 SuperStock/Juan Carlos Muñoz/Age Fotostock, 58 myswitzerland.com, 59l Eva Stadler, 59r Volundur Jonsson/visiticeland.com, 62 Axel Nowak, 63l Fotolia/Beboy, 63r iStockphoto/Brytta, 64/65 Jahreszeiten Verlag/Arthur F. Selbach,

66l iStockphoto/Alan Crawford, 66r Shutterstock/Mikhail Markovskiy, 67 Fotolia/Samott, 68l Bildagentur Huber/Bartuccio, 68r iStockphoto/Imagedepotpro, 69o/u laif/Hemis.fr/Herve Lenain, 70/71 Fl online/Tips Images, 72 laif/Hans Madej, 73o Turismo Lanzarote/Aquashot/Aspeuroe.com, 73u laif/Murat Tueremis, 74o Age Fotostock/Look, 74u Fotolia/Coco1740, 75 laif/Cintract Romain/Hemispheres Images, 76 Shutterstock/S. Borisov, 77l laif/Hans Madej, 77r Bildagentur Huber/R. Schmid, 78 Uwe Steinert, 80 privat, 81 Bundesarchiv, Bild 102-10212/CC-BY-SA 3.0, 84/85 Fotolia/Aperture Foto, 86l Nick Otto, 86r Shutterstock/Krzysztof Wiktor, 87 SuperStock/Fleetman/VWPics, 88o iStockphoto/Steve Bower, 88u Shutterstock/Netfalls/Remy Musser, 89l Mauritius/Age, 89r Fotolia/Zoe Schumacher, 90 laif/hemis.fr/Golles Rigoulet, 91 laif/Explore/Erik Sampers, 92l Corbis/Daniel Morel, 92r Corbis/Daniel Morel, 93 iStockphoto/David Mantel, 96l Shutterstock/Colman Lemer Gerardo, 96r Shutterstock/Pablo H. Caridad, 97 Bildagentur Huber/A. Bartuccio, 98/99 Shutterstock/Modestlife, 100 Shutterstock/Anderl, 101 laif/Roberto Caccuri, 102/103 Joerg Slawik, shothouse-hamburg.com, 104 SuperStock/Robert Harding Picture Library,

105l Shutterstock/Rafal Cichawa, 105r SuperStock/Minden Pictures, 106 iStockphoto/Thomas Vogel, 108 Fotolia/M. Schuppich, 112 iStockphoto/Tobias Helbig, 113 laif/Stefan Volk, 114o Mauritius/Age, 114u laif/hemis.fr/Denis-Huot, 115l Eva Stadler, 115r Shutterstock/George Nazmi Bebawi, 116/117 Corbis/Bob Krist, 118 Mauritius/Age, 119 laif/Johann Rousselot, 120 Mauritius/Herbert Kratky, 121 Look, 122 M. Haller-Bernhard, 124 Braxart/Hansgrohe SE, 128 Jody MacDonald, 129o/u Korea Tourism Organization, 130/131 Ulrich Lambert, 132l Dr. Ekkehard Schnieber, tucanos.de, 132r.o. Look/The Travel Library, 132r.u. Eva Stadler, 133 iStockphoto / enviromantic, 134/135 Franz Sußbauer, 136 Corbis/Dang Ngo, 137 Taj Hotels Resorts and Palaces, 138 Stefan Groenveld, 139 Viva con Agua, 140 Arne Stanelle, 141 Pierrot Men, 142 John Broemstrup, 146 SuperStock/Ben Mangor, 147 Shutterstock/Wilar, 148 Jahreszeiten Verlag/Philip Koschel, 149l Fotolia/JM Fotografie, 149r Franz Sußbauer, 150l Fotolia/laine1, 150r Shutterstock/Ian Scott, 151 laif/Berthold Steinhilber, 152l SuperStock/BlueGreen Pictures, 152r SuperStock/Ron Dahlquist, 153l Age Fotostock/Look, 153r Shutterstock/Pichugin Dmitry, 154/155 Jahreszeiten Verlag/Philip Koschel